道德经

道德经

【美绘国学书系·文墨千秋】

道德经

［春秋］老子 著

中国文联出版社

图书在版编目（CIP）数据

道德经 /（春秋）老子著. -- 北京：中国文联出版社，2022.8
ISBN 978-7-5190-4918-8

Ⅰ. ①道… Ⅱ. ①老… Ⅲ. ①道家 Ⅳ. ①B223.1

中国版本图书馆CIP数据核字（2022）第132247号

著　　者（春秋）老子
责任编辑　陈若伟
责任校对　郑红峰
装帧设计　余　微

出版发行　中国文联出版社有限公司
社　　址　北京市朝阳区农展馆南里 10 号　　　　邮编 100125
电　　话　010-85923025（发行部）　　010-85923091（总编室）
经　　销　全国新华书店等
印　　刷　德富泰（唐山）印务有限公司

开　　本　710 毫米 ×1000 毫米　　　1/16
印　　张　18
字　　数　230 千字
版　　次　2022 年 8 月第 1 版第 1 次印刷
定　　价　76.00 元

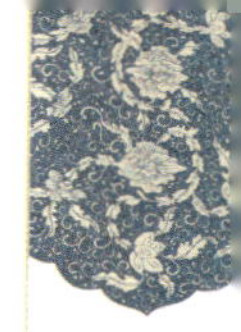

前言

《老子》又称《道德经》，是春秋时期老子所著。

老子，姓李，名耳，字伯阳，又字聃，楚国苦县历乡曲仁里人（今河南省鹿邑县），是中国古代伟大的思想家、哲学家，道家学派创始人和主要代表人物，被唐朝帝王追认为李姓始祖。

《老子》是中国古代道家哲学的经典。其核心精华是朴素的辩证法，主张无为而治；内容全面丰富，集天文、地理、军事、政治、经济、道德规范、环境保护、自然规律、治国用兵、内政外交、修身养性、为人处世等于一体，荟萃了中华民族春秋时期的文化精髓；其思想博大精深，处处闪耀着人类智慧的光芒。

老子有着满腹学问，被委以“守藏室之官”（管理藏书的官员），主管国家存藏的竹简；后又负责记录朝政议论。当时等级森严，朝臣们只能无依无靠地席地而坐，老子却被特封为“柱下吏”，可依柱而坐，记录政事。老子曾出使西极大秦、竺乾等国，到处讲学，颂扬周德。由于这位仙风道骨的长者学识渊博，令人钦敬，所以，各国的君主朝臣都尊称他为“古先生”。传说后来，老子料知将要干戈四起，再也忍不下这尔虞我诈的争斗，于是，辞去朝官，骑了头青牛，西出函谷关，去昆仑山隐居修行。在经过函谷关时，关令尹喜知道他将隐去，请老子著书。于是老子写下了五千字，就是他唯一的著作——《老子》。

老子其人到底有多大本事，无人知晓。因其留下的《老子》太过玄妙，后

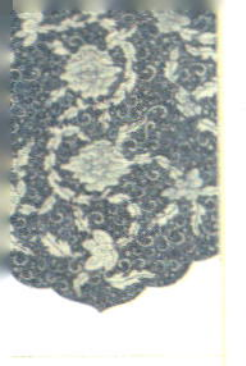

世众人景仰之余，相互传诵，越传越奇，遂将老子捧为寿与天齐的神仙，并以神话的方式描述。

《老子》分上、下两篇。原文上篇《德经》，下篇《道经》，不分章，后改为《道经》在前，《德经》在后，并分为81章。

《老子》是中国古代先秦诸子分立前的一部著作，为当时诸子所共仰，是道家哲学思想的重要来源，也是中国历史上首部完整的哲学著作。书中虽然只有五千余言，但文风幽雅，意义博大，理念精深，被人们称为“哲理诗”。通过学习这部不朽的经典，我们不仅能够改变自己，而且可以改变我们的生活、我们的世界，甚至可以找到属于我们自己的思想天空。

《老子》中的许多观点也受到世界各国人民的普遍赞同。由此可见，中国先哲所绵延传承的智慧宝藏，既是中国哲学、东方文化的代表，又是人类文明的重要组成部分。

《老子》常会被归属为道教学说。其实，哲学上的道家和宗教上的道教是不能混为一谈的，但《老子》作为道教基本教义的重要构成之一，被道教视为重要经典，老子也被道教视为至上的三清尊神之一道德天尊的化身，又称太上老君，所以应该说道教吸纳了道家思想，道家思想完善了道教。同时，前面所说的哲学，并不能涵括《老子》（修身立命、治国安邦、出世入世）的全貌。

老子提出了“无为而治”的主张，成为中国历史上某些朝代，如西汉初的治国方略，在经济上可以缓解人民的压力，对早期中国的稳定起到过一定作用，对中国古老的哲学、科学、政治、宗教等产生了深刻的影响。它无论对中华民族的性格铸成，还是对政治的统一与稳定，都起着不可估量的作用。它的世界意义也日渐显著，越来越多的西方学者不遗余力地探求其中的科学奥秘，寻求人类文明的源头，深究古代智慧的底蕴。

《老子》经历代传抄，多有错讹，至今已经很难彻底分辨孰真孰伪。据说仅国内的《老子》译注本就不下千种。因此，注解不能陷入咬文嚼字的误区，正确的做法只能是不同版本之间相互印证除错，大处着眼，重在弄清楚和理解老子所要表达的思想主题和整体文意。迄今为止，可以说还没有一个注本

能真正准确、全面地告诉人们老子究竟说了些什么。《老子》是值得我们用一生的时间去研究推敲的经典之作。

译著古书是一件非常烦琐且复杂的工作，甚至需要几代人不懈地努力和改进。为了使本书更具完整性和权威性，在编译过程中，我们不仅查阅了大量手头上的相关资料，而且参考和引用了一些网上文字和图书资源，力争为读者奉献出一部完美、精确的读本。

由于编者的水平和能力所限，本译著中也难免存在不妥之处，敬请广大读者批评指正。

目录

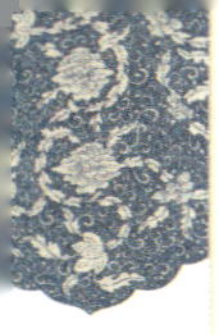

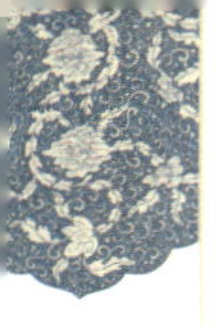

第一章

道可道[①]，非常[②]道。名可名[③]，非常名。无名[④]天地之始，有名[⑤]万物之母[⑥]。故常[⑦]无，欲以观其妙[⑧]；常有，欲以观其徼[⑨]。此两者，同出而异名，同谓[⑩]之玄[⑪]。玄之又玄，众妙之门[⑫]。

注释

①道可道：第一个“道”指道理，引申为宇宙万物的原则、真理、规律等；第二个“道”则表示解说、言说的意思。

②常：永恒的。

③名可名：第一个“名”是道的名称；第二个“名”指称谓，可作动词使用。

④无名：指无形。

⑤有名：指有形。

⑥母：本源，根源，母体。

⑦常：指经常，恒常。

⑧妙：玄妙，微妙。

⑨徼（jiào）：边际，引申端倪的意思。

⑩谓：称谓。此为“指称”。

⑪玄：深黑色，在这里指玄妙幽深的意思。

⑫众妙之门：通往奥妙的门径，此处用来比喻宇宙万物的唯一原“道”的门径。

译文

能用言语表述的“道”，它就不是常“道”；能用文辞表达的“名”，

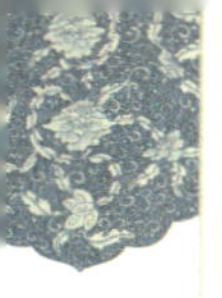

它也不是常“名”。“无”是天地的开端；而“有”，则是宇宙万物创生的本源。所以，要常从“无”中去观察领悟“道”的奥妙；要常从“有”中去观察道的端倪。无与有这两者，只不过是同一来源的不同名称罢了，都可以称之为玄妙。玄妙之中的玄妙，即是宇宙间一切奥妙的总门。

解读

本章作为开篇之言点明全文主题。即“道”只可意会，不可言传。

老子所提出的“有”“无”是一对相对概念。“有”所指的是具体的物质。“无”所指的是一种和“有”相对立的不能直接触摸到的规律，比如时空关系。这两者是事物的共同组成部分，既相互对立，又相辅相成。如果单纯地认为世界是“有”，即物质的；或者把世界单纯地当作“无”，即精神的。都是主观片面的。

通过“有欲”观察事物才能达到“无欲”之境。有欲望就会观察世界万物，发现事物之间的联系，了解到其中客观存在的道理。而无欲则能够超脱世俗，透过物质的表面现象看到世界的本质，体会到物质之外的微妙的境界。“有欲”和“无欲”是辩证的。

虽然“有”“无”两者概念不同，但是来源是一样的，即天地万物的自然发展规律。然而能够用语言描述的事物的发展规律都是主观的，有局限性的。而“道”是每个人自身对自然的体悟。所以，老子在开篇提出：能够说出的道理都不是真正的“道”。

【证解故事】

无论是在经常看不见之处体察“道”，还是在经常显露之处体察万物，老子认为在事物有形的外部表现与无形的内在联系上都能够找到做事的方法。

历史上有不少的人能够如老子所说：“故常无，欲以观其妙；常有，欲以观其徼。”于无形处入手发现事物潜伏的解决之道，达到了成功。

唐玄宗时期的李林甫就是利用这点，圆了他的宰相梦。

唐玄宗开元初年，李林甫因是世家子弟，得以任千牛直长（宫廷侍卫）。他和宰相源乾曜的儿子很好，便托他向他父亲要求得到司门郎中这个职位。

源乾曜不屑地说："郎中需要既有才能，又有名望的人来担任，李林甫哪是这样的材料。"却也不好一点面子不给，便把李林甫迁升为东宫谕德。

李林甫宦海沉浮，倒也逐步提升，可他嫌这样太慢，他需要的是平步青云，一步踏到宰相的阶梯上。

可是他在朝廷里并没有上可通天的关系，找来找去倒被他找到了一条途径，即和已是半老徐娘的裴光庭的夫人武氏私通。裴光庭当时任侍中，也是宰相，李林甫的家人朋友都很为他担心，更不理解，劝他说："你是世家子弟，虽非豪富，美妾艳婢还是买得起的，何苦去和一个上年纪的女人鬼混？她丈夫又是宰相，一旦事发可是掉脑袋的事，你这是图的什么？"

李林甫却不听劝，天天和武氏打得火热，也不知是两人掩饰得好，还是裴光庭根本不在乎，两人始终未东窗事发。

不久，裴光庭去世，两人更是肆无忌惮，武氏竟想让李林甫接替死去的丈夫在朝中的职位，也就是宰相，而且还很有办法。

原来当朝第一红人高力士原本是武三思的家奴，而武氏就是武三思的女儿，武氏找到高力士，死缠硬磨，非逼着高力士举荐李林甫为宰相。

高力士顾念旧主情谊，又禁不住武氏的死缠烂打，只好答应想办法。当时朝中的日常事务都是由高力士代替玄宗处理，但他为人谨慎，任命宰相这样的大事，他不但不敢代劳，连向玄宗开口推荐都不敢，只能等待时机。

因裴光庭死后，宰相位置有一空缺，玄宗征询宰相萧嵩的意见，对萧嵩提出的几个人选都不满意，便自己决定任命韩休为相。

高力士侍奉玄宗左右，知道后马上通知武氏，并告诉她该当如何，武氏马上又告诉李林甫。

李林甫第二天一上朝，便上荐章，极力赞美韩休的才能和品德，要求皇上任韩休为相。

唐玄宗很感惊讶，没想到有人和自己的心思吻合，对李林甫平添几分好感。

过了几天，玄宗正式下诏任命韩休为相，韩休并不知道是皇上自己想任命他为相，还以为这全是李林甫大力推荐的功劳，对李林甫感激涕零。

所谓“投我以桃，报之以李”。韩休上任后，便极力推崇李林甫才能超卓，正是宰相的不二人选，高力士也在玄宗左右巧妙地为李林甫说好话，玄宗不久就任命李林甫为礼部尚书，同中书门下三品，也就是宰相了。

在这个事例中，李林甫是抓住了事情的哪些隐藏的关键问题呢？人人都知道，在唐玄宗发动宫廷政变，诛杀韦后、安乐公主，武氏家族也从高峰跌入低谷，成为人人厌弃的废姓。然而人们却忽视一个细微之处：武姓虽然被废，而武氏的家奴（高力士）却红得发紫，李林甫就是抓住了这点，才从半老徐娘的武氏入手，一步步登上宰相宝座的。

在无形处的细心分析与把握，挖掘出处理事情的“办法”，才是真正决定成败的关键因素。毫不夸张地说，这是一种本领、更是一种智慧，它需要人们能够联系事情的各方各面，甚至一些被人们遗忘的方面，只有这样才能在这些看似毫无头绪、错综复杂的事情中理出头绪。

人们常说：“精彩无处不在，关键在于发现。”的确是这样的。生活中人们一旦静下心来，便能发现许多原本察觉不到的美；做事只要善于观察，就能够在毫无头绪的情况下，找出头绪并顺利完成。开动我们的大脑，有时候答案就藏匿于有形与无形之间。

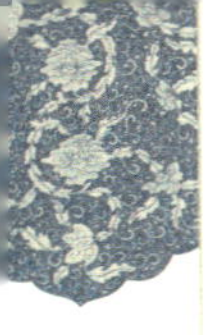

第二章

天下皆知美之为美，斯恶已[①]；皆知善之为善，斯不善已。有无相[②]生，难易相成，长短相形，高下[③]相倾[④]，音声[⑤]相和，前后相随，恒也。是以圣人处无为之事[⑥]，行不言之教。万物作[⑦]而不为始，生而弗有，为而弗恃，功成而弗居。夫唯弗居，是以不去。

注释

①恶已：恶，丑。已，通“矣”。

②相：表示相互的意思。

③下：这里指低。

④相倾：互相依靠，一作“相盈”。

⑤音声：古时音和声是两个不同的概念。复杂的、有节奏的叫“音”，单调的、无节奏的叫“声”。

⑥圣人处无为之事：圣人，老子理想中的“与道同体”的人物。无为，顺应自然，不妄为。这句话的意思是有道的人用“无为”的法则来处理世事。

⑦作：兴起、创造。

译文

天下人都知道美之所以为美，那就产生了丑陋的观念；都知道善之所以为善，那恶的观念也就产生了。因此有和无互相转化，难和易互相促就，长和短互为显现，高和下互为依靠，音和声彼此应和，前和后彼此相随——这是永恒的。所以有道之人用“无为”的法则来处理世事，用不言的方式施行教化。对万物的自然兴起不加干涉，生养万物而不据为己有，抚育万物却不倚仗，功成业就而不居功。正由于不居功，因此他的功绩就无所谓失去。

解读

此章通过对美丑、善恶这两对矛盾的具体分析揭示出矛盾的对立面之间相互转化的规律。

在大治的世道，人们不知有丑恶。也不知有美善，一切顺其自然。只是顺其道性而已，然而在不治之世，那些利己主义者为了追求利益，用假美假善伪装自己，使美丑善恶相伴而生。也是因为丑，人们才懂得欣赏美，有了困难才能显示出容易；有了沉静的衬托才显示出喧闹；有了喧闹才显出沉静。

然而万物都不是孤立存在的。美丑、善恶、有无、前后、难易，总是相互对立，互相依存的。单纯地追逐某一方面是不科学的，会造成求而不得的痛苦。所以老子指出有向无中求，想易必重视难的辩证法观点，从追求事物的对立面着手让其自然而然地由量变到质变再向正面转化。

圣人正是因为认识到了事物的两面性、矛盾的对立性与相互转化，认识到事物都有其自身的发展规律，所以能够辩证地看待问题，因而提出

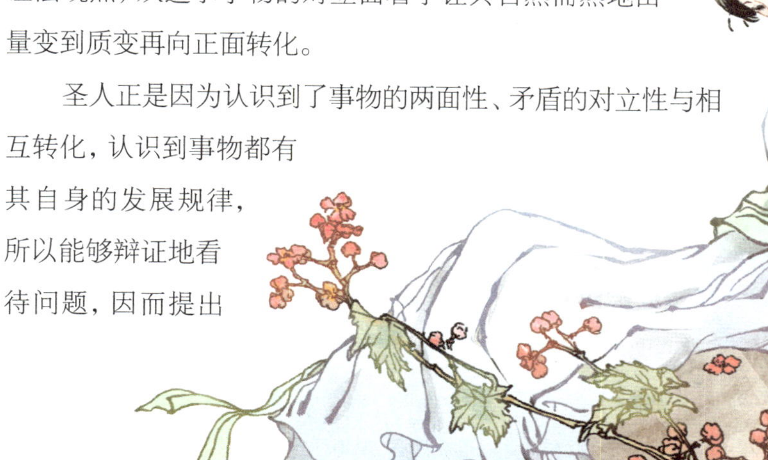

“用不言的方式施行教化，听任万物自然生长而不加干涉”。无为不是不作为，而是顺应事物的自然发展规律。养育成就万物，但是不居功自傲。正是由于不居功，懂得急流勇退，对成败荣辱淡然处之，所以功绩才不会离开圣人。

【证解故事】

三国时期的诸葛亮，便灵活地运用了老子的“有无相生”之说。

以刘备三顾茅庐为例。

刘备以皇叔之尊，为了请诸葛孔明出山，不辞劳苦，前后三次上门拜访，以诚心感动诸葛孔明，最后终于得见，请他出山，拜为军师。后来诸葛亮辅刘备征战天下，出谋划策，建立蜀国，与曹操、孙权成三足鼎立之局面。

那么，诸葛亮明明有着经天纬地之才，治国安民之术，克敌制胜之法，为什么却要隐于田野呢？他正值壮年，天下时局又是治乱交替之时，群雄逐鹿之势，为什么他不谋求建功立业，空把满腹才华消磨在山林之间呢？

细心的人会发现，这不仅是诸葛亮一个人的行为，事实上，有很多有才志的人在最开始的时候都是采取这样一个隐居的状态，而不是贸然地就冲出来投奔明主的。

诸葛亮之所以没有自动跑出来投靠某一个有权势的人，是因为他不想只当一个职业谋士，他要做的是吕尚、管仲那样的丞辅将佐。而如果自动送上门去，主公不一定就会重视他，就能发现他的才能，也不太可能让他一来就担任重要的职务，或许反而会湮没在碌碌群儒之中。

而当他的美名触动了某一个主公的神经，像刘备这样主动来拜访他的时候，诸葛亮就已经把主动权握在自己手中了。

另外，让刘备三顾茅庐，一方面是为了考察一下刘备对自己的诚意，另一方面也是为了有充分的时间考虑如何说动刘备，让他对自己的谋划一闻倾心。

结果让诸葛亮很满意，刘备能三顾茅庐，显示出他对诸葛亮的迫切需求，肯定会重用这个得来不易的人才。而诸葛亮的“隆中对”也让刘备深深相信自己找对了人。

诸葛亮的“隆中对”也就是给刘备画出了一个未来国家的蓝图，其“建国大纲”可用八个字来概括：建基西川，联吴抗曹。这八个字绝非心血来潮、信口胡诌，而是来源于诸葛亮对当时天下大势、力量对比、生克关系和地理条件的深刻分析。当时的三大力量：曹操、孙权、刘备，各占有利和不利的条件，各有其优势，也各有其劣势。

曹操占天时——挟天子以令诸侯，但“国险”，也就是地利，不如东吴，人和不如刘备；孙权占地利——有长江天险以为屏障，但天时不如曹操，人和不如刘备；刘备占人和，手下有关羽、张飞等大将，而且皇叔的身份也深得人心，但是天时不如曹操，地利不如孙权。

这是三国鼎立的基本根据，没有这个根据，就没有刘备的前途，也就没有诸葛亮的出山。

天时、地利、人和，各得其一则三国分立，三者齐聚则统一天下。那么曹、孙、刘三家谁能占尽三者？在诸葛亮看来，应当是刘备。以事物相联系、互相促生的关系来看，没有天时，可以等待，没有地利，可以争取，但人和通常不是靠等待和争取就能得到的，这关系到一个道德问题和人心向背问题，不是说有就有的。

所以，从这点来看，诸葛亮对刘备还是信心十足的，并由此制定出逐鹿天下的大计。他建议刘备取西川以占地利，其“岩阻”可比长江之险；“跨荆、益”以“待天下有变”，这个“变”指的就是等曹操灭汉称帝，倒行逆施，失去民心，这样天时就会到了有皇叔身份的刘备这边。但是这个分析可能曹操也考虑过，或许这就是他为什么一直没有称帝的原因，因为他不是不想称帝，而是怕一旦失去了汉室的装饰，就会丧失天时之利。

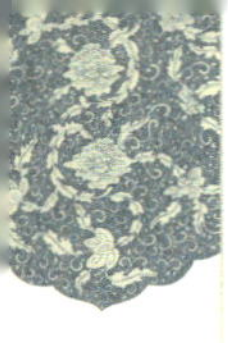

第三章

不尚贤[①]，使民不争；不贵难得之货[②]，使民不为盗[③]；不见[④]可欲，使民心不乱。是以圣人之治，虚其心[⑤]，实其腹，弱其志[⑥]，强其骨。常使民无知无欲，使夫智者不敢为[⑦]也。为无为，则无不治[⑧]。

注释

①尚贤："尚"，崇尚，尊崇。"贤"，贤能之人。这里指尊崇有才能的人。

②不贵难得之货："贵"，珍贵。"货"，财物。这里的意思是指不珍贵难得的财物。

③盗：窃取财物。

④见（xiàn）：通"现"，出现。此是显示，炫耀的意思。

⑤虚其心："虚"，空虚。"心"，古人以为心主思维，此指思想，头脑。虚其心，使他们心智空虚，无思无欲。

⑥弱其志：使他们减弱志气，削弱他们竞争的意图。

⑦不敢为：不敢有所作为。

⑧治：治理，此意是治理得天下太平。

译文

不推崇有才德的人，就能让百姓们不互相争夺；不珍贵难得的财物，就能让百姓们不去偷窃；不显耀足以引起贪心的事物，使民心不被迷乱。因此，圣人的治理原则是：空虚百姓的心灵，满足百姓的温饱，减弱百姓的竞争意图，强健百姓的筋骨体魄，永远使老百姓没有奸诈的智巧，没有欲望。致使那些有才智的人也不敢妄为生事。圣人按照"无为"的原则去处理事务，那么，天下就没有治理不好的。

解读

本章通过不推崇、不珍爱、不炫耀讲述了圣人治理政事的方法。体现了老子关于有为、无为的辩证思想。

老子认为，净化百姓心灵，需要统治者推行“无为之治”。不推崇贤良，人们就不会为了得高官厚禄而迎合统治者利益，不会在权力的诱惑下争做表面文章成为假贤人。不珍惜得到的东西，人们就不会满足自己膨胀的欲望而成为盗贼；不炫耀美色，人们不因此而迷乱心性。而骨强体健，是开启精神的物质基础和必要条件。所以使得百姓身体强壮，也会使得百姓欲望减少。如此一来，百姓心中的欲望减少、心性不乱，心境归于宁静淡泊，做事安分守己，那么社会就会安定。

那些局限于自我，平时善于投机取巧、玩弄心计、要小聪明的“智者”，在他们面前，如同小巫见大巫，自然不敢胡作非为；如果“无知无欲”，就会领悟到大智慧，这自然会启示并促使那些“智者”自觉自愿地从“敢为”转向“不敢为”。

一个人只有内心纯净才能不被欲望迷乱，才能减少名利争夺带来的浮躁和苦恼。顺其自然，无为而治，让生命处于一种宁静充实的状态。老子所讲的“无为而治”是他认识在事物具有其自然发展的道理之后的真知灼见。只有施行无为之治，才能实现天下大治。

【证解故事】

王安石乃临川人氏，号介甫。少年时好读书，善作文，曾巩常拿他的文稿，与欧阳修观看，大加赏识。从此他到处延誉，因得中进士，授淮南判官。旧例判官秩满，可以献文求试馆职。安石独不求试，遂调知郑县，不久又任舒州通判。文彦博任中书时，力为荐举，乃召试馆职，安石不至。欧阳修又荐为谏官，安石复以祖母年高为辞。修乃勖以禄养，在仁宗末年，荐为度支判官，安石又复辞官，人都说他恬退为怀，贤士大夫都想一望风采，恨不一见。朝廷也想委任他美官，唯恐他不肯屈就，后来改官同修起居注，他又竭力固辞。向他道喜，安石反避到茅厕里去了，阁门吏只得将敕书放于案上而回，安石又令人追上送还，往返了八九次，方才收下。没有多时，又升知制诰，安石却立刻谢恩，不再推辞。直到仁宗驾崩，安石也回家里居住。

神宗时王安石虽然没有做官，却无时不想猎取高官。见乡里韩、吕两族都做着朝廷显官，安石便竭力去与韩绛、韩维、吕公著结交。三人到京供职，便尽力替安石誉扬。神宗即位前为颍王时，韩维充当记室，每逢讲解经义，至独具见解的地方，必向神宗说道："此是故人王安石的新诠，并非维所发明。"因此，神宗记在心内，一意要用他。虽有苏洵作《辨奸论》说："安石不近人情，是个大奸臣。"又有吕诲劾他道："大奸似忠，大佞似信，外示朴野，中藏巧诈，骄蹇慢上，阴贼害物，诚恐陛下悦其才辩，久而倚毗，乱由是生。臣究安石之迹固无远略，唯务改作，立异于人，文言饰非，罔上欺下，误天下苍生，必斯人也。"虽然说得十分透彻，无如神宗总不相信，又下诏令安石知江宁府。众人还道安石又要推辞，哪里知道安石居然受了诏命，竟往江宁赴任，此事出人意料。

安石到了江宁，不上半年，有人诋毁韩琦，说他执政三朝，权力太大。神宗也因韩琦遇事专擅，心内不悦。曾公亮乘机力荐安石可以大用，立刻补授翰林学士。韩琦因内外倾轧，屡乞罢免，遂罢为镇安武

军节度使兼判相州。陛辞的时候，神宗问道："卿去之后，谁可主持国事？"韩琦答道："圣衷当必有人。"神宗道："王安石如何？"韩琦道："安石为翰林学士，绰然有余，若以处辅相之任，唯恐器量不足。"神宗不答。韩琦告辞而去，那王安石奉了翰林学士的诏命，有意迟延，经过了七个月，方才入京报到。

神宗闻得王安石已来，立刻召见。神宗问他治道何先，安石答称先在择术，神宗道："唐太宗何如？"安石道："陛下当上法尧舜，何必念及唐太宗？尧舜治天下，至简不烦，至易不难，后世君臣未能明晓治法，便说他高不可及。尧亦人，舜亦人，有什么奇异难学呢？"神宗道："卿可谓责难于君了，但朕自顾眇躬，恐不足副卿之望，还要卿尽心辅朕，共图至治。"安石道："陛下如听臣言，臣岂敢不尽死力！"言毕而退。

一日侍讲经筵，群臣已退出，神宗独留安石，命他坐下。安石谢恩入座。神宗道："朕阅汉唐历史，汉昭烈必得诸葛亮，唐太宗必得魏徵，然后可以有为。亮、徵二人，不是天下奇才吗？"安石抵掌道："陛下诚能为尧、舜，自然有皋、夔、稷、契；诚能为高宗，自然有傅说。天下甚大，何材没有？独恐陛下主意不坚，就是有皋、夔、稷、契、傅说等人，也不免为小人所排挤，那就不得不远去了。"神宗道："小人何代没有？就道尧、舜之时，也不能无四凶。"安石道："那就在乎人主能否辨别贤奸了。倘若尧、舜不诛四凶，皋、夔、稷、契能够尽心竭力地办事吗？"这一席话，说得神宗很是入耳。安石退出之后，尚喜叹不止。从此，神宗一心一意要任用安石。不久，便令王安石参加政事。

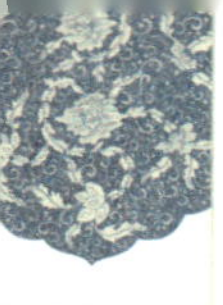

第四章

道冲[①]而用之或不盈[②]，渊[③]兮，似万物之宗[④]。（挫其锐[⑤]，解其纷[⑥]，和其光[⑦]，同其尘[⑧]。）湛[⑨]兮，似或存[⑩]。吾不知谁之子，象帝之先[⑪]。

注释

①冲：通“盅”，器物虚空，比喻空虚。

②盈：满，引申为尽。

③渊：深邃。

④宗：祖宗，祖先。

⑤挫（cuò）其锐：“挫”，消磨，折去。“锐”，锐利、锋利。此处意为消磨掉它的锐气。

⑥解其纷：消解掉它的纠纷。

⑦和其光：调和隐蔽它的光芒。

⑧同其尘：把自己混同于尘俗。以上四个“其”字，都是说的道。

⑨湛（chén）：沉没，隐秘。段玉裁在《说文解字注》中说，古书中“浮沉”的“沉”多写作“湛”。“湛”“沉”古代读音相同。这里用来形容“道”隐没于冥暗之中，不见形迹。

⑩似或存：似乎存在。连同上文“湛兮”，形容“道”若无若存。参见第十四章“无状之状，无物之象，是谓惚恍”等句，理解其意。

⑪象帝之先：“象”，好像，“帝”，天帝。此处指好像在天帝之前。

译文

大“道”是空虚无形的，但它的作用却不会穷尽。深邃啊！它好像

万物的祖先。(消磨它的锋锐，消除它的纷扰，调和它的光辉，混同于尘垢。)隐秘啊！又好像实际存在。我不知道它是谁的后代，似乎是在天帝之前。

解读

本章旨在说明“道”的不言之教的巨大功用。

“道”是心灵达到的境界，是一种自我感知，对别人来说是感觉不到的，是虚幻的。但是它的力量又是巨大的。是无处不在的。因为得“道”之人能够畅游于“道”的美妙境界里，彻悟了人生真谛，获取了大智慧。消磨自己原先那种不可一世的自我锐气，解除所有与自身无益的杂乱想法；能够调和原来那种狂喜、愤怒、悲观、傲慢等情绪化的目光，取而代之的是不卑不亢、温和慈祥的目光。能够使人清醒的，以合乎道的观点来看待世间的美丑、善恶、荣辱、贵贱。而对于背道而驰的人“道”不存在，而且遥不可及。

大自然实在是奥妙无穷，它有着至诚不移的规律性和不可抗拒的力量，好像有人在背后主宰着宇宙。但是我们又不知道孕育世界万物的是隐而不显的“道”是从哪来，因为“道”是永恒的，它在很久之前就存在了。

“道”既是虚幻的，又是客观存在的，正是它的虚，才可以和万物和谐地共同存在，才可以充实人们的心田。我们只有怀着敬畏之心，顺应自然，顺应“道”，才能掌握事物发展的规律。只有亲历“道”境，把握了世界的本质规律，不为现象世界所羁绊，才能获得正确的世界观和人生观，把握自己的命运。

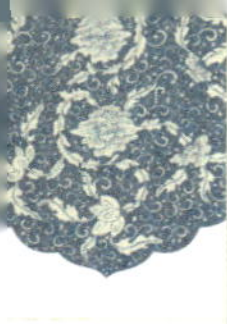

第五章

天地不仁，以万物为刍狗[①]；圣人不仁，以百姓为刍狗。天地之间，其犹橐籥[②]乎？虚而不屈[③]，动而愈[④]出。多言数穷[⑤]，不如守中[⑥]。

注释

①刍(chú)狗：用草扎成的狗。古人祭祀时用的祭品，用后即扔。此处比喻轻贱无用的东西。在本文中比喻：天地对万物，圣人对百姓都因不经意、不留心而任其自长自消，自生自灭。正如元代吴澄说："刍狗，缚草为狗之形，祷雨所用也。既祷则弃之，无复有顾惜之意。天地无心于爱物，而任其自生自成；圣人无心于爱民，而任其自作自息，故以刍狗为喻。"

②橐籥(tuó yuè)：古代冶炼时为炉火鼓风用的助燃器具——袋囊和送风管，是古代的风箱。

③屈(jué)：竭尽，穷尽。

④愈：更加的意思。

⑤多言数穷："多言"指政令繁多。"数"通"速"，是加快的意思。"穷"，困穷，穷尽到头，无路可行。这里的意思是指政令烦苛，加速败亡。

⑥守中："中"，指内心的虚静。守中，守住虚静。

译文

天地是无所谓偏爱的，对待万事万物就像对待刍狗一样一视同仁，任凭万物自生自灭。圣人也是没有偏爱的，也同样像对待刍狗那样对

百姓们一视同仁，任凭人们自作自息。天地之间，岂不像一个风箱一样吗？虽然中空但永无穷尽，越鼓动风量便愈多，生生不息。政令繁多反而加速失败，不如坚守空虚无为。

解读

本章是老子的人人平等思想，而人人平等要靠完善的法律来体现。

天地至仁，用至诚不移的自然规律来体现，是万物平等的思想。万物虽然为天地所生，但是天地不偏爱任何一样东西。天地统治万物利用的是至诚不移的自然规律。万物的生长发育，只能遵循这一规律，否则就会受到严惩。老子把天地比作风箱。风箱的作用在于使炉火更旺。风箱中空可以保持旺盛的风力。可以干预，但是不能太过，鼓动速度太快反而起不到预期的效果。既要发挥风箱的作用，又要始终把握火候。天地无为，所以万物自然生长。

圣人至仁，用完善的社会法律来体现，是人人平等的思想。圣人效法天地，依法治国，法律面前人人平等，任何人违犯法律，就要受到法律的严惩。在圣人的心目中，只能存有“法”的观念，而不能存有“仁”的观念。有了“仁”的观念，就会存在主观的偏见，用权力代替法律，法律就会失去威严，社会就会滋生罪恶，百姓就要遭殃，这才是统治者最大的不仁。

“不仁”是老子的思想。仁是目的，不仁是措施。老子认为就治国而言，统治者要虚怀若谷，不可妄言妄动，炫耀自我威风，按照自我主观意志去任意发挥，必须“以百姓之心为心”，逐步完善法律法规。只有用牢固的法治观念取代统治者的自我“有为”思想，社会才能持久稳定，国家才能健康发展。这就是统治者的“不仁”之仁。

【证解故事】

战国末年，秦国逐渐强大起来。经过短暂内乱之后，嬴政亲政掌

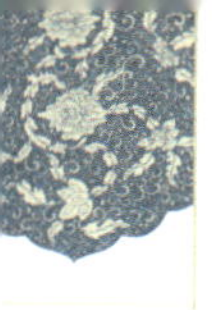

权，施展远交近攻之术，攻城略地，扩大版图，大有并吞天下之势。这位秦王嬴政雄才大略，可就有一件，就是猜忌心太强，生怕手下大将带重兵外出后，干出对自己不利的事来。

这年，秦国准备攻打楚国。嬴政与手下将军讨论作战策略，当问及需多少人马出征时，大将李信年轻气盛，说带20万人足可胜楚。嬴政又问老将王翦，王翦说非60万人不可。嬴政心想，自己国内可征集的总共不过70万士卒，若王翦带走60万，他一旦有不轨之心，自己如何收拾？但李信说20万，那是肯定敌不过楚军的。于是他命李信带兵30万去战楚军。

楚军带兵人为项燕，项燕一向足智多谋。两军交战不久，就把秦军打得大败。秦王嬴政无奈，只好请王翦挂帅出战。

王翦带60万大军出征，嬴政亲自送至灞上（今陕西临潼），牵着王翦的手说："将军胜利归来，我将亲至此处迎接。"王翦躬身施礼："谢大王，出征前，在下有一事相求：请大王割地加封，荫我子孙。"嬴政一怔，心想，哪有出征前还没立功就要求封地的？但他到底是政治家，没露声色，笑了笑说："将军得胜归来，荣华富贵少不了将军的，放心吧！"王翦却坚持立时就封。嬴政无奈，只好当时封他食邑百户，王翦才领兵走了。大军一出秦境，王翦又派使者回去请求为自己儿子加爵位。两军交战前，王翦也派使者回去求封。直弄得副帅蒙武看不过去了，斥责道："这样做太过分了，也有失身份！"王翦叹了口气说："咱们大王历来好猜忌。如今几乎把全国的兵都交给我指挥了，他能放下心来吗？我一再求封，无非让大王觉得我顾怜后辈，不会有外心啊！"

王翦出征在外仍不忘消除上级的猜忌而劳心竭虑，很值得我们学习，如果一味地展现自己的才能而造成自己发展的障碍，就得不偿失了。

第六章

谷神[①]不死，是谓玄牝[②]。玄牝之门[③]，是谓天地根。绵绵若存[④]，用之不勤[⑤]。

注释

①谷神："谷"，养。这里形容"道"虚空博大，像山谷。神，形容"道"变化无穷。高亨说：谷神者，道之别名也。谷读为榖，《尔雅·释言》："榖，生也。"《广雅·释诂》："榖，养也。"谷神者，生养之神。另据严复在《老子道德经评点》中的说法，"谷神"不是偏正结构，是联合结构。

②玄牝（pìn）："牝"，本义是指雌性的兽类动物，这里借喻具有无限造物能力的"道"。"玄牝"，指玄妙的母性，这里指孕育和生养出天地万物的母体。

③门：指产门。这里用雌性生殖器的产门来比喻造化天地生育万物的根源。

④绵绵若存：连绵不绝地永远存在着。

⑤勤：作"尽"讲。

译文

生养天地万物的道（谷神）是永恒长存的，这叫作玄妙的母性。玄妙的母性之门，这就是天地的本源。它绵绵不绝地存在着，作用是无穷尽的。

解读

本篇讲述了万物之母“道”的伟大，告诉我们要敬畏生命、敬畏“道”。

人类最原始的本性表现为对母亲的依赖，对自然的依赖。老子把神秘莫测的“道”比为母性，描述了无所不能，生育万物的“道”的特性，以母性的力量来形象地比喻宇宙生生不息的现象。这表达的是对伟大的母性“生”的力量的赞美和尊崇。

我们成长壮大的同时，要用我们积极的能量回报社会、回报自然，使社会变得更加和谐，使我们的生存环境变得更加美好。

就治国而言，这一节是强调精神的沟通作用。管理百姓就像母亲的爱一样无私、博爱，应有所克制，不可操之过急，不要过于执着。只要统治者和人民群众同心同德，一切按客观规律办事，人间盛世自然来临。

“道”是生养人类的伟大母亲，所以我们要体贴她、礼待她、爱护她、尊重她，也就是要敬畏生命、敬畏“道”。

【证解故事】

周穆王得到八匹名马，驾着它们去拜访西王母，回来后，又驾着八骏去讨伐徐偃王，并灭掉了他，于是就设立了天闲、内厩和外厩三种马厩。把八骏马放在天闲里喂养，每天喂料一石；次一等的马放在内厩，每天喂料八斗；再次一等的马放在

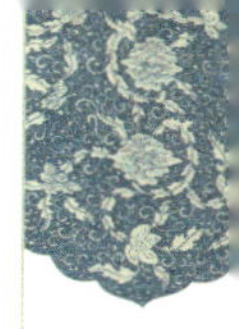

外厩，每天喂料六斗；那些达不到以上这三等标准的马称为散马，每天喂料五斗；在散马之下的是民马，不属于官府饲养之列。周穆王任造父掌管马政，天下没有一匹好马在民间。并按马的上下等级对待各类养马的人，他们对自己的待遇，也没有一个不甘心的。

后来，穆王死了，造父死了，八骏也死了，马的好坏没有人能分辨了，而后就按马的产地来区分了。因此把冀地北部产的纯色马作为上等，放在天闲喂养，用来驾驭君王的车辆；那些杂色的马作为中等，放在内厩喂养，用来做驾车空缺的备用和打仗用；冀地南部和济河以北产的马放在外厩喂养，供诸侯和君王的公卿大夫及出使到四方去的使臣们乘用；江淮以南产的马称作散马，用来传送信息和干各种杂活的使用，不承担重大事情。那些喂养它们的马倌的待遇，也按所管马的等级不同而不同，按照先前的规定办。周夷王末年盗贼四起，内厩的马应当担负作战任务，但它们都饱食终日，且骄横自大，一听到钲鼓声，便吓得往后退，一看见旌旗飘就四处逃跑。于是就改用外厩的马参战。内外两厩的马官相互争吵了起来，管内厩的说："我们的马是驾乘舆用的。"管外厩的则说："你们的马吃得多而用处少，那为什么还比我们高一等？"两家争论不休，就被夷王知道了。

夷王和大臣都对内厩的马有偏心，便让外厩的马参战了。出战不久，便与盗贼相遇了，外厩的马冲在前面，盗贼败逃了。内厩马还是凭着高一等充功，于是外厩的人马都为此而懈怠了。盗贼乘机便攻击它们，内厩的人马首先逃奔，外厩的人马看着也不救援，也四处逃奔，结果那些高头大马全部覆没。夷王非常恐惧，就下令放出天闲里的马。天闲里的马习惯在平安的环境里驾车，不习征战。天闲的马官就把这情况告诉了夷王，夷王又改令散马去迎敌。管散马的人说："打仗要靠力气，吃得饱就力强。现在那些比我们的马吃得多的马尚且不能承担，而我们这些力气少而又常服重役的马，恐怕更不能胜任了吧。"夷王听了后，自我反省并深感惭愧，就安慰了养散马的人，便派遣散马去迎敌，并且下令让他们享受上等人马的待遇，但粮仓里的粮食已不够吃

了，命令只是一句空话罢了。于是四种马在田野里乱跑，看见庄稼便吃，闹得农民不能种庄稼，那些老弱病夫都饿死了，而那些壮年人都投奔盗贼了，那些马也像这些人一样逃跑了。夷王没有马，不能组织起军队，天下一片萧条冷落的景象。

人才兴则国家兴，人才亡则国家亡。要使国家兴旺发达，必须及时发现人才，合理使用人才，不能按其出身贵贱而另眼相待，而要知人善任，量才使用，论功行赏，否则就会埋没人才，浪费人才，给国家带来巨大损失。

第七章

天长地久[①]。天地所以能长且久者，以其不自生[②]，故能长生。是以圣人后其身[③]而身先[④]，外[⑤]其身而身存。非以其无私邪？故能成其私。

注释

①天长地久：长、久，均指时间长久。

②以其不自生："以"，因为。天地不为自己而运作。

③身：自身，自己。以下三个"身"字同。

④先：居先，占据了前位。此是高居人上的意思。

⑤外：是方位名词作动词用，使动用法，这里是置之度外的意思。

译文

天地是长久存在的。天地之所以能长久存在，是因为它们不为自己而运行，所以能够永远存在。因此，有道的圣人遇事谦退无争，反而能得到众人的推崇而占取领先地位；将自己置之度外，生命反而能得以保全。这不正是因为他的无私吗？反而能够成就自身。

解读

本章讲述了老子的利他主义思想。利他在前，利己在后；无私在前，成私在后，那么无私而成其私。

天地之所以长久，是因为天地都不为自己谋生。天和地是对立统一的、不可分离的，天因地而生，地因天而存。天地无私，故能天长地久。所以，无私才合乎自然规律。

世界上的万事万物都是矛盾的统一体，同样，作为万物之灵的人也不例外。为了满足有形的身体的需求，人开始无止境地追求金钱财富。这样一来，身体就有灾难了，因为人的欲望没有满足的时候。但是圣人明白灵魂和身体的关系，即只有保持灵魂和身体的平衡，才能确保身心健康。因此，圣人不片面追求有形物质来养身，而是追求精神愉悦。圣人把肉身置之度外，始终关注着精神生活，反而延长了寿命。

老子根据宇宙法则揭示了人生法则，而人生法则又贯串着社会法则。他的“后其身而身先”“外其身而身存”的思想，正是“先天下之忧而忧，后天下之乐而乐”的原形。治理国家，只要时时把人民的利益放在前面，自然能够得到人民的拥护和爱戴，从而体现人生价值，获得人生幸福；为了肉体而活着的人，生命不会长久；为了人民的利益而活着的人，只要社会存在，他的精神就不会消失，因为他永远活在人民心中。

老子以天人合一的境界，把宇宙、人生和社会看成一个统一的整体，从而要求人与人之间要爱而忘私、和谐相处，由此而形成利他主义、集体主义的价值观。无私是合乎道的美德，只有用以利他主义、集体主义为中心的价值观来取代以利己主义、个人主义为中心的价值观，人类才能实现整个世界和谐有序的最大私心。

【证解故事】

曹操在官渡大败袁绍后，整顿军马，北渡黄河，直追袁绍。袁绍不甘心失败，为报仇雪耻，又纠集河北四州之兵，至仓亭扎寨，准备与曹操决一死战。袁、曹两军对峙，各布阵势。第一次交锋，曹军徐晃部将史涣死于袁绍第三子袁尚的利箭之下。

曹操失去史涣一将，心中烦闷，说：“似这样对阵相互厮杀，何时是个了局？”谋士程昱献计道：“秦末楚汉相争，高祖皇帝运用十面埋伏之计，使项羽自刎身亡。我们何不效法？”曹操说：“愿你详细讲一讲。”程昱说：“将我军退至黄河边上，背水为阵，伏兵十队，引诱袁绍追赶我军。”左右大惊道：“如此，我军岂不太危险了？”程昱笑道：“兵法说，置之死地而后生。我军无退路，必须死战，即可稳胜袁绍。”

曹操采纳了程昱的计谋，将全军分列左右各五队。左列：一队夏侯惇，二队张辽，三队李典，四队乐进，五队夏侯渊；右列：一队曹洪，二队张郃，三队徐晃，四队于禁，五队高览。许褚为中军先锋。第二天，十队人马先行，埋伏在两侧。到了半夜，曹操同许褚率军前进，装着偷袭袁寨的样子。

袁绍见状，笑道：“曹操这下子要喂鱼了。”尽发五寨人马，迎战许褚。许褚拨马撤退，袁绍驱军赶来，喊杀之声不绝。等到天亮，袁绍将许褚逼到河边。曹军已无退路，曹操大喊：“后有追兵，前是绝境，大家为什么不决一死战？”曹军听了，一齐调头奋力向前冲杀。许褚一马当先，挥刀斩杀袁军十来个将领。

袁军大乱，只好撤退。退了一段路，几声“咚咚”战鼓响，左边夏侯渊、右边高览两支兵马冲出，袁绍带领三个儿子一个外甥，死命冲出一条血路。又跑了十来里，左边乐进、右边于禁杀出，杀得袁军尸横遍野。又跑了数里，左边李典、右边徐晃两支人马截杀过来，袁绍父子胆战心惊，奔入寨门，令军队埋锅造饭，正要吃时，左边张辽、右边张郃，径直前来冲寨。袁绍慌忙上马，率部奔向仓亭，人困马乏，正要休息，不料后面曹操率大军赶来，袁绍拼命逃离。正走间，右边曹洪、左边夏侯惇，挡住去路。袁绍大叫：“如果不拼死一战，我们都要给活捉了！”奋力冲杀一阵，侥幸逃出重围。袁绍抱住儿子们大哭一场，长叹道：“我经历战事数十次，从没有像今天这样狼狈！”说完，命令部将回各地整顿军务，自己带着袁尚到冀州养病去了。

尽管“置之死地而后生”能激发人的极限潜力，但是它的运用需要很高的技巧和适当的条件，也是一种高风险的战略战术，今天我们倡导以人为本，此种做法更应慎用。

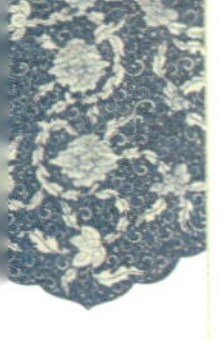

第八章

上善若水[①]。水善利万物而不争，处众人之所恶[②]，故几于道[③]。居善地，心善渊[④]，与善仁[⑤]，言善信，政善治[⑥]，事善能，动善时[⑦]。夫唯不争，故无尤[⑧]。

注释

①上善若水：上善即最高等的善。这里老子以水的形象来说明“圣人”是道的体现者，因为圣人的言行有类于水，而水德是近于道的。

②处众人之所恶（wù）：即居处于众人所不愿去的地方。

③几于道：“几”，接近。即接近于道。

④渊：沉静、深沉。

⑤与善仁：与，指与别人相接。“仁”当为“人”。善仁，在这里指有修养之人。

⑥政善治：为政善于治理。

⑦动善时：行动善于把握有利的时机。

⑧尤：过失、罪过。

译文

最高的善好像水一样。水善于滋润万物而不与其相争，停留在众人都不喜欢的地方，所以最接近于“道”。上善的人总是甘居卑下的环境，心胸善于保持沉静而深远博大，结交善良的人，说话恪守信用，为政善于治理，处事善于发挥特长，行动善于把握时机。上善的人正因为有不争的美德，所以他就没有过失。

解读

本章以自然界的水来喻人、教人。以水的特性阐述了圣人为而不争的高尚品质。

水能静能动，能急能缓，能柔能刚，能内能外，能升能隐，始终停留在众人所厌恶的低下、隐蔽之处，用着至诚不移的规律性，冲洗污垢，刷新世界，随着季节的变化而变化，不违天时，滋润万物而不与万物争宠，所以水具有近似于“道”的特性。

圣人具有近似于水的特性。圣人“处无为之事，行不言之教”，一切遵循客观规律，选择不引人注目利于修道的清净地方居住，生活安定。做事，审时度势，伺机而动。为政，清正廉洁，消除腐败；为人，虚怀若谷，从不炫耀；处世，仁慈友爱，无私奉献而不图回报。言行一致，以诚信为本。圣人与世无争，一切遵循自然规律行事，不主观妄为，反而赢得了别人所无法争到的东西，这正是不争之争。

老子心目中的“不争”并非消极我们的思想，而是让我们能够以冷静的心态面对那些没有意义的纷争，在合适的位置上，即便是处在十分

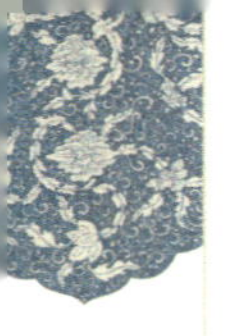

卑下的地方，也能始终如一地永远付出着，积蓄力量去实现自己的人生价值，而没有怨咎、遗憾、悔恨。

老子用水性来比喻有高尚品德者的人格，认为他们的品格像水那样，做有利于众人的事情而不与其争，而且还愿意去众人不愿去的卑下的地方，愿意做别人不愿做的事情。因为不争，所以别人也没有什么怨尤。不争是顺应自然法则，只有效法自然，才能没有忧患，充分体现了老子的自然主义思想。

第九章

持而盈之[①]，不如其已[②]。揣而锐之[③]，不可长保[④]。金玉满堂，莫之能守。富贵而骄，自遗其咎[⑤]。功遂身退[⑥]，天之道也[⑦]。

注释

①持而盈之："持"，手执、手捧。"盈"，满。此句意为把持而使它满盈。

②不如其已："已"，止。不如适可而止。

③揣而锐之："揣"，捶打，敲打。捶击使它变得锐利。

④长保：长久保存。

⑤咎：过失、灾祸。

⑥功遂身退：功成名就之后，不再身居其位，而应适时退下。"身退"并不是退隐山林，而是不居功贪位。

⑦天之道也：指自然规律。

译文

把持而使它满盈，不如适可而止。捶打而使它锐利，锐势难以保持长久。纵然金玉堆满房屋，谁也无法守藏。如果富贵到了骄横的程度，那就会给自己留下祸根。功成身退，这才符合自然的规律。

解读

本章是在宣扬适可而止，恰到好处的观念。

事物都有两面性，此两面是相互转化的，物极必反。做事，盈满则

亏，应学会急流勇退；为人，锋芒太露，难以保持长久，应知及时自我收敛。钱财的价值在于流通，执着于守将会带来不安和危害。因富贵而骄横，必定会遗失真正的心性。自古骄兵必败，不识骄的危害性，必定有终生遗憾。

社会上有些人，起初为人民的利益而尽心尽力，以至于富贵加身，本该得到人们的敬仰，却因其居功自傲，不可一世，以至于晚节不保，功亏一篑，身败名裂，成为人民的罪人。

日中则昃，月盈则亏，这是自然规律。世间伟人，一旦达到事业的顶峰，完成其历史使命，就应效法自然，主动地退位让贤，这是遵循自然规律。知进而不知退者，祸必及身。当然，圣人的“功遂身退”是主动的、积极的。而封建士大夫们所奉行的明哲保身，归隐山林，则是被动的、消极的。

世人皆有功利，登临高处固然是“一览众山小”，但同时也会“高处不胜寒”，所以聪明人能够不居功自傲，不留恋名利富贵。急流勇退，功成身退，明哲保身。功名利禄，都是身外之物，拥有一份宁静而充实的内心才是生命中最应该把握的。

【证解故事】

“功遂身退”是一种智慧，它告诫我们，当我们有功时千万不要居功自傲；如果与这一智慧背道而驰，那么不但不能显示自己的功劳，反而会招来不必要的麻烦，甚是危险。

历史上大部分依靠兵戈上位的皇帝，在开国之后为了巩固自己的政权总会削除大部分开国功臣的兵权，削除兵权的方式有两种：一个就是和平解决，另一种就是随便加个罪名，“名正言顺”地铲除。

历史上和平削除兵权的例子不多：唐太宗李世民算一个，宋太祖赵匡胤也算一个。而功后谋杀功臣的皇帝则比比皆是：汉朝开国皇帝刘邦、明朝开国皇帝朱元璋，还有清朝雍正皇帝等，他们的开国功臣中，只有极少数懂得“功遂身退”道理的人才幸免于难。

韩信就是因为不懂得“功遂身退”而惨遭杀害的典型。

毫不避讳地说，刘邦的江山有一大半是韩信打下来的，可以说没有韩信就没有西汉王朝，刘邦也更不可能当皇帝。韩信功高盖主，在刘邦当皇帝之后他本应该想到这点，然而他还是以功臣自居，完全没有当初带兵打仗时的聪明智慧。刘邦可想到了这点，为了巩固他的皇帝地位，他上台后做的第一件事就是削弱韩信的势力，把当时还是“齐王”的韩信封为“楚王”，使其远离自己的发迹之地，然后又有人适时告发韩信“谋反”，刘邦又将他贬为“淮阴侯”，不出几个月，吕后又和刘邦唱了一出双簧：前脚刘邦带兵出征，后脚吕后就让萧何将韩信诱至长乐宫冠以谋反之罪杀掉。

同韩信并称“汉初三杰”中的张良则聪明得多，刘邦即位后，大封功臣，张良再三推辞，最后只领留侯的头衔，坚决不受三万户食禄，忘掉了以前的丰功伟业，过着隐逸恬淡的生活。

在古代，“功遂身退”是一种明哲保身的方法，只有智者可为。人生在世，竭尽所能，报效社会是必要的，但当成功了，危险也就来了。可能在论功的时候，就会因分配不公，或骄傲让人嫉恨，更有功高镇主等危险和矛盾潜伏着，要学会化解，更要学会韬光养晦，锋芒内敛。

《道德经》讲得好，学会适时地功遂身退，对于保存自己的名节、延长自己的寿命都很有益处。

第十章

载营魄抱一①，能无离乎？专气②致柔，能如婴儿乎③？涤除玄鉴④，能无疵乎？爱民治国，能无为乎？⑤天门开阖⑥，能为雌⑦乎？明白四达，能无知⑧乎？（生之畜⑨之，生而不有，为而不恃，长而不宰，是谓玄德⑩。）

注释

①载营魄抱一："载"，用作助语句，相当于夫。"营魄"，即魂魄。魂属灵，魄属血，在此连用，指灵肉相连。"抱一"，即合一。一，指道，抱一意为魂魄合而为一,二者合一即合于道。又解释为身体与精神合一。

②专气：专，聚结之意。专气即集气。

③能如婴儿乎：能像婴儿一样吗？

④涤除玄鉴："涤"，扫除、清除。"鉴"，明镜。玄鉴形容心地如宽广的明镜。

⑤爱民治国，能无为乎：即无为而治。

⑥天门开阖（hé）：天门，有多种解释。一说指耳目口鼻等人的感官；一说指兴衰治乱之根源；一说是指自然之理；一说是指人的心神出入即意念和感官的配合等。此处指人体天生的自然门户。开阖，即动静、变化和运动。

⑦雌：比喻宁静柔弱。

⑧知：通"智"，指心智、心机。

⑨畜：养育、繁殖。

⑩玄德：玄秘而深邃的德性。

译文

灵魂与肉体融为一体，能永不分离吗？聚合精气归于柔和，能像婴儿一样吗？洗涤杂念而深入观察心灵，能没有瑕疵吗？爱民治国，就能顺应自然吗？感官与外界的对立变化相接触，能坚守住宁静吗？通达四方，能不玩弄权术和心智吗？（让万事万物生长繁殖，产生万物、养育万物而不占为己有，滋养万物而不居于主宰地位，这就是最高深的“德”。）

解读

本章老子以反问的形式列举了几种使心达到“无”然后再进行处理的事情，讲述了扫除杂念修“道”的方法和过程。

凡在实际中出现的东西，就需要存在的空间。为了让种种东西能成为自身的一部分，首先需要让心“空”起来，也就是达到“无”的境界，然后让种种东西在心中有序地排列起来。“无”的境界与宇宙产生前的境界在逻辑本质上是一致的。

修炼道德功，目的就在于使灵魂合二为一。修道养育灵魂，在于开发潜意识；修德以育灵魂，在于培育显意识。人不修炼道德功，就会以自我为中心，认识问题必然带有局限性、主观片面性。

就国家而言，国家是由国土、被统治者和统治者组成的。统治者脱离了人民的制约和监督，是“国之贼”；人民脱离了统治者合乎“道”的管理和指引，就会陷入无政府主义的混乱状态。只有统治者和被统治者

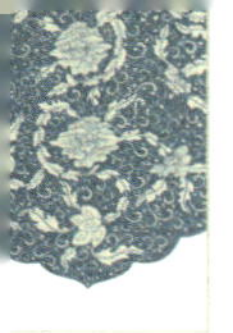

同心同德，国家才能健康发展，否则，国家就会处于动乱，最终导致国破人亡。

治国、治身，都必须扫除大脑中的一切私心杂念，在道境之中直观道体，体悟世界的本质和规律，遵循客观规律施行法治，只有这样才能取得无所不为的成果。

从“载营魄抱一”到“明白四达”，境界是逐步提高的。道的境界和自身修养是同步的，“玄德”表明自身修养与道合一，是德的最高境界，具备了玄德，也就具备了科学的世界观、人生观和价值观。

【证解故事】

公元前506年，吴王伐楚，想先取楚国都城郢。大臣伍子胥提议：应兵分三路，其一攻麦城，其二攻纪南城，其三由吴王亲自率军直取郢都。这样，敌人必顾此失彼，一旦麦城和纪南城被攻陷，郢便失去犄角，不攻自破。吴王采纳了伍子胥的建议，命其亲率大兵，直取麦城。

伍子胥领兵西进，行至距麦城约50里处，前面兵士报告：麦城有楚将斗巢重兵防守，坚壁固垒，难以攻破；伍子胥便令队伍就地安营，自己穿上便装，领了两名士兵出营察看地形。当他走到一个村庄时，看到一名农夫正牵驴磨麦。农夫以捶击驴，驴走磨转，面粉便纷纷而下。伍子胥见此情景，忽生一计：驴、磨相依可磨成面粉，我何不造一“驴”一“磨”，将麦城之敌调出，乘虚而入呢？于是，他立即返回驻地，命令军士于拂晓前准备一些装满沙土的布袋和草捆。次日拂晓，他又下令，每辆战车多备乱石！

等到天明，他把部队分为两路，一路在麦城之东，一路在麦城之西。两队人马在指定位置，按伍子胥要求，用所带土、石、草捆筑起两座小城，充当防御工事。东城狭长，像驴，叫“驴城”；西城似磨，叫“磨城”。楚将斗巢闻听此事，便领兵出城袭击。不料“驴”“磨”两城固若金汤，破之实难。斗巢先到东城，见城上旗帜飞扬，铃声阵阵。斗

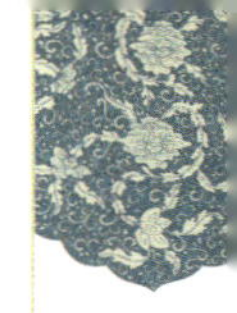

巢大怒，刚要攻城，只见城门大开，一位少年将军领兵出城迎战。斗巢问后方知他是楚国蔡侯之子——姬乾。斗巢说他不是对手，要伍子胥出马。姬乾说："伍将军已取你麦城去了。"斗巢不信，挺戟自取姬乾。双方正酣战之际，忽然一楚军飞车前来报告："吴兵正攻麦城，将军速回。"斗巢此时方知中计，拨马便回。于是吴军乘势追击，楚军败退。

斗巢率残军回到麦城城下，正遇伍子胥攻城。两军略战几合，伍子胥又生一计，故意将斗巢放入城中，同时将一部分投降的楚军混入其中，以做内应。半夜时分，这些楚军从城上放下绳子，吴军攀绳而上，里应外合，很快攻下了麦城。

古人用兵时指出："善用兵者，能夺人而不夺于人。"又说："事贵制人而不贵制于人。制人者，握权也；见制于人者，制命也。"他们都强调主动权的重要。伍子胥欲攻城先造城，使楚兵就范，为攻克麦城创造了条件。

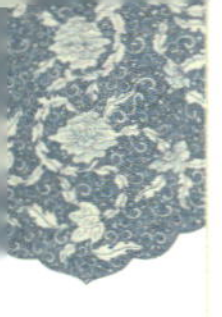

第十一章

三十辐[①]，共一毂[②]，当其无，有车之用。[③]埏埴[④]以为器，当其无，有器之用。凿户牖[⑤]以为室，当其无，有室之用。故有之以为利，无之以为用。[⑥]

注释

①辐：辐条，车轮上的直棍，古时候的车轮由三十根辐条所构成。此数取法于每月三十日的历次。

②毂（gǔ）：车轮中心穿车轴的圆木。

③当其无，有车之用：车毂中有了空的地方，才有车的作用。“无”指车毂中间的圆孔。

④埏埴（shān zhí）：埏，即抟（tuán）土，用水和土；埴，黏土。即用抟土和陶土做成饮食用的器皿。

⑤户牖（yǒu）：门窗。

⑥故有之以为利，无之以为用：“有”会给人便利，“无”也发挥了作用。

译文

三十根辐穿在车头，中间必须留出空处，才能装上车轴，使车轮有转动的作用。把黏土放进模具做成器皿，有了器皿的中空，才能发挥盛放物品的作用。开凿门窗建造房屋，有了门窗四壁的中空，房屋才能有居住的作用。所以，“有”给人便利，“无”也发挥了它的作用。

解读

本章通过列举车子、陶器、房子的例子，阐明有和无的对立统一关系。

“有”因为有物质存在，车子、陶器、房子都是有形的，我们可以取用这些物质，可以称为“利”。“无”虽然没有物质存在，却有空间供我们使用，体现它们的自身价值，可以称为“用”。

“有”和“无”的关系，就是“利”和“用”的关系。物质存在的“利”是使用价值的前提条件，自身价值的“用”是使用价值的决定性因素。“利”和“用”的关系是相辅相成、不可分割的，在时间上没有先后，在主次上没有本末。然而，人们看待问题的时候，是处在“有”的层面的，即能看到的表面现象，只有守住其对立面的“无”，也就是其内在的本质，才能利于认识事物。

对于个人而言，“无”指的是内心的精神力量。只有掏空自己，让内心归于平静，才能真正做到“无”，专心致志地做事，才容易取得成功。

就治国而言，其根本在于神圣的法律，而不是有为的统治者；只要具有了高度的政治文明和精神文明，国家自然有持久的繁荣和稳定。

【证解故事】

现在有些人总是不屑于对别人赞美，其实不然，因为它是一种交际的技巧。懂得赞美别人的人，一定是个能明察秋毫的人，请不要吝啬你的赞美之词。

西汉龚遂在渤海（今河北沧州东南）太守任上干了好几年，政绩突出，颇受当地百姓爱戴。这天，他忽然接到圣旨，皇帝要他进京接受召见。

龚遂在动身时，部下属吏王生提出愿意伴随他进京。此人素来喜欢酗酒，放荡不羁，龚遂本来不想带他，但又不忍心拒绝，只好答应了。进京后，王生仍天天饮酒，并不理会龚遂。这天，轮到龚遂进宫面见皇

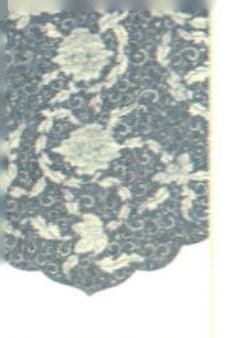

帝，王生醉醺醺地从后面赶来，叫道："太守大人，等等，我……我有话要说！"龚遂停了下来，转身问他想说什么。

王生说："天子肯定要问你渤海郡是怎样治理好的。你不要罗列什么措施，应当说，都是陛下的圣德所致，归功于陛下的英明，并不是微臣的能力。"

见了汉宣帝后，果然询问他渤海郡是怎样治理的。龚遂想起了王生教他的话，便说："臣不才，没有什么特别的才能，不过是托陛下的洪福。渤海能有今天的局面，都是由于陛下您的圣德啊！"宣帝听了，觉得龚遂很谦虚，十分高兴，笑着说："你是从哪里学来的这种谨慎厚道的话？一定有人教你吧？""我并不懂得该怎么说，"龚遂如实禀报道，"这是部下王生教我的。"汉宣帝决定奖赏他们二人，便任命龚遂为都尉，提拔王生为丞相。

龚遂没有把取得的成绩说成是自己的功劳，而将其归功于皇帝的"圣德"，以此博得封赏，可说是拍马的高手。但是能拍得恰到好处，也是需要一番的功夫的，他这一招也为后世不少的人所运用。

第十二章

五色[1]令人目盲[2]，五音[3]令人耳聋[4]，五味[5]令人口爽[6]，驰骋[7]畋[8]猎，令人心发狂[9]，难得之货，令人行妨[10]。是以圣人为腹不为目[11]，故去彼取此[12]。

注释

①五色：指青、黄、赤、白、黑。此处泛指色彩多种多样。

②目盲：形容人眼花缭乱。

③五音：指宫、商、角、徵、羽。这里指多种多样的音乐声。

④耳聋：比喻听觉不灵敏，辨不清五音。

⑤五味：指酸、甜、苦、辣、咸，这里指多种多样的味道。

⑥爽：指口腔味觉发生毛病，古代以“爽”为口病的专用名词。

⑦驰骋：纵横奔走，比喻纵情放荡。

⑧畋（tián）：打猎。

⑨心发狂：内心放荡而不可制止。

⑩妨：本指妨碍、损害的意思，这里特指盗窃、掠夺之类行为。

⑪为腹不为目：“腹”，指内在自我。“目”，指外在自我或感觉世界。此句意思是只为温饱生存，不求纵情声色。

⑫去彼取此：“彼”，指外。“此”，指内。抛弃物欲，只要温饱。

译文

五彩缤纷的颜色使人眼花缭乱；繁杂的五音使人听觉失灵；香馥芬芳、浓郁可口的食物使人舌不知味；纵马驰骋围猎容易使人心情放荡发狂；金玉宝物使人德行败坏。因此，圣人只求三餐温饱，不追逐声色犬

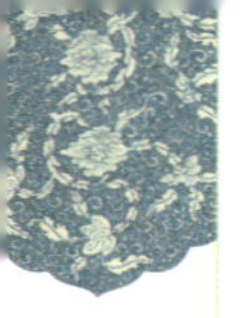

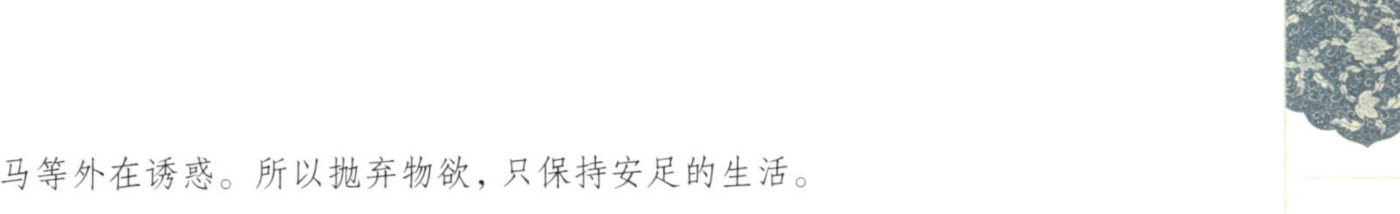

马等外在诱惑。所以抛弃物欲，只保持安足的生活。

解读

本章揭示了“为腹”与“为目”的辩证关系。

人生来是有欲望的。但是眼睛的视野，相对于心灵的视野来说，是有局限性的，如果人们只执着于五光十色的世界，就会忽视精神世界，而心灵的失明，才使人真正迷茫。只执着于外在的声音，忽略了心灵的呼唤，就会听不到最真实、最动听、最感人的大道的声音，而心灵的失聪，才使人真正寂寞痛苦，孤独畏惧。如果贪求口福，喜欢山珍海味，只去满足口感的需要，就会违背了心灵对无味却又韵味无穷的大道的渴求。追逐野味，最大限度地满足感官需求，就会使人失去平静，造成心情狂乱。

心灵本是宁静、充实的，一个没有丰富的内心世界的人，必定会为了满足外部感官的需求，忽视的却是心灵的渴求不停地追求外来刺激和身外之物。这是迷失心灵的缘故。

所以圣人通过对外部世界具体事物的认识来总结规律并通过实践来检验，但是不会只把目光停留在对外部世界的认识上，而是清心寡欲，用纯净的内心来领悟世界的规律发展，追求众生、惠及苍生的人生，获得生命真正的自由和快乐。

【证解故事】

魏文侯为宰相的人选感到困惑时，征求宾客李克的意见。

“先生曾说过：家贫要有贤妻，国乱要有名相。现在丞相的人选有魏成和翟璜二人，这二人都非常优秀，难分伯仲，究竟要选谁呢？”

李克道：“俗话说：身份低微的人，不要插手伟人的事，也不要管别人的家务事。卑职实在不敢回答这个问题。”“先生不要顾虑那么多，请多多指教。”

“不，卑职并不是顾虑太多，只是希望国君好好考虑。至于鉴定人物的原则有以下五项：一、际遇不佳时和谁亲近？二、富裕的时候帮助过谁？三、居高位时任用谁？四、在困境中是不是刚正不阿？五、贫穷时是不是能去掉贪念？国君只要依照这五项原则来决定就可以了。”“嗯！有道理，我已经想好了。”李克离开王宫，在归途中顺道经过翟璜住处，谈起魏文侯选择宰相的事情，并且重述这段谈话。翟璜问李克：“依阁下看，魏文侯会决定用谁呢？”“恐怕是魏成吧！”“这就奇怪了，我翟璜哪一点比魏成差呢？更何况把阁下介绍给魏文侯的人是我啊！”“大人该不是为了自己升官，自组派系而把我推荐给魏文侯的吧？我只不过提供他五个原则，至于决定宰相的人还是魏文侯。依我看来，魏成被拔擢为宰相的可能性比较大，因为魏成把十分之九的薪俸施舍给别人，自己只留下十分之一。魏成因此获得国君的老师子夏、田子方、段干木三人的支持，而大人所推荐的五个人只不过是魏文侯一般的臣下罢了。”翟璜低下头来向李克道歉，懊悔自己的自大。

第十三章

宠辱[1]若惊，贵大患若身[2]。何谓宠辱若惊？宠为下[3]；得之若惊，失之若惊，是谓宠辱若惊。何谓贵大患若身？吾所以有大患者，为吾有身，及吾无身，吾有何患？[4]故贵以身为天下，若可寄天下；爱以身为天下，若可托天下。[5]

注释

①宠辱：荣宠和侮辱。

②贵大患若身："贵"，珍贵、重视。重视自己的身体就好像重视祸患一样。

③宠为下：受到宠爱是不光荣的。

④及吾无身，吾有何患：意思是如果我没有自身的私利，有什么大患可言呢？

⑤故贵以身为天下，若可寄天下；爱以身为天下，若可托天下：此句意为把天下看得和自己的生命一样宝贵的人，才可以把天下的重担交付于他；爱天下和爱自己的生命一样的人，才可以把天下的责任托付于他。

译文

得到宠爱或遭受耻辱，都像是受到惊吓一样，重视自己的身体就好像重视祸患一样。

什么叫得宠和受辱都感到惊恐不安？宠爱是卑下的，得到它会感到心惊不安，失去它也会惊恐万分，这就叫宠辱若惊。什么叫重视自己的身体就如同重视祸患一样？我之所以有大患，是因为我有这个身体；倘若没有了我的躯体，我还有什么祸患呢？因此，把天下看得和自己的生命一样宝贵的人，才可以把天下的重担交付于他；爱天下和爱自己的生命一样的人，才可以把天下的责任托付于他。

解读

本章通过论述荣辱、贵贱、上下、得失的辩证关系，体现了老子的贵民、爱民思想。

在老子看来，因得宠而惊喜因失宠而自视轻贱的人，是过于看重自身，荣辱观念太重使得他产生名利之心，贪争之念，从而导致大祸患。这种视宠为上的人，正是卑下之人。因得宠而惊喜，因失宠而惊恐，完全是名利之心在作怪。重名利的人，目光短浅，贪图名利而疏远人民，造成大祸患；轻名利的人，目光长远，亲近人民而淡泊名利，获得人民的爱戴。

所以，如果人民把治理天下的权力托付给统治者，那么，统治者一定用看重自己的心思看重天下人民。统治者认为权力很重要，就必然让权力属于人民，这样就会看重人民；如果人民把谋求福利的希望寄托于统治者，那么，统治者一定以爱护自己的心思去爱护天下人民。统治者认为爱护自己就是要为自己谋福利，就必然让福利属于人民，这样就会爱护人民。

圣人到达忘却自我的境界，超越了功利、荣辱、得失，乃至生死，一心为民，所以不会产生祸患。治国之道也是治身之道，二者同一道理。

第十四章

视之不见，名曰夷[①]；听之不闻，名曰希[②]，搏之不得，名曰微[③]。此三者不可致诘[④]，故混而为一[⑤]。其上不皦[⑥]，其下不昧[⑦]，绳绳[⑧]兮不可名，复归于无物[⑨]。是谓无状之状，无物之象。是谓惚恍[⑩]。迎之不见其首，随之不见其后。执古之道，以御今之有[⑪]，能知古始[⑫]，是谓道纪[⑬]。

注释

①夷：无色。

②希：无声。

③微：无形。以上夷、希、微三个名词都是用来形容人的感官无法把握住“道”。这三个名词都是幽而不显的意思。

④致诘：诘（jié），意为追问、究问、反问。致诘意为思议。

⑤一：本章的一指“道”。

⑥皦（jiǎo）：清白、清晰、光明之意。

⑦昧（mèi）：阴暗。

⑧绳绳（mǐn）：无边无际，纷纭不绝。

⑨无物：无形态，即“道”。

⑩惚恍：似有似无，闪烁不定。

⑪有：指世间万事万物。

⑫古始：宇宙的原始。

⑬道纪：“纪”，准则，法度。“道纪”，即“道”的纲纪。

译文

怎么看也看不见，把它叫作“夷”；怎么听也听不到，把它叫作“希”；怎么摸也摸不到，把它叫作“微”。这三者的形状难以区分开来，因此混沌为一体。它的上面既不显得光明亮堂，它的下面也不显得阴暗晦涩，绵延不绝却又不可名状，一切运动又都回到了无形无象的状态。这就是没有形状的形状，没有具体物象的形象，这就是“惚恍”。从前方去接近它，看不见它的头；从后面去追赶它，看不见它的尾。把握着早已存在的“道”，用来驾驭现实存在的具体事物。能认识、了解宇宙的初始，这就叫作“道”的纲纪。

解读

老子在本章描绘了用心灵感知的“无”的境界，表明了“道”是认识真理的真正源泉。

“无”的境界是一种没有任何现象的现象，是谓“无状之状，无物之象”，是谓“惚恍”，“迎之不见其首，随之不见其后”。然而，一切却可以从这种“无”开始，且其始点也就是宇宙的始点，也是“道”的始点。

“道”的境界是清晰、明净的，其上面不耀眼，下面也不昏暗。你所直觉之景物，无上下内外之分，无视觉障碍，只是一派立体的灵明。

这种状态、景象是对心灵而言的，对自我而言则“无状”“无象”。之所以称为“无状之状，无物之象”，是站在自我的角度来说的。虽然“道”看不见，但是“道”是循环往复、无始无终、流动不息的，是主宰我们生命、主宰世界的，是心灵能够达到的一种境界。

修道者执着于古人所遵循的认识世界的道路，用来抵御今人只追求外在名利的思想观念。道是万物的起源，了解事物发展变化的规律，就把握了世界，把握了自我命运。

老子号召人们不要再在违背自然规律的道路上走下去，要认识到自身的渺小，走返璞归真之路。

【证解故事】

公元938年，在南汉王府内，南汉王刘龚正在给先锋官——儿子刘弘操下达作战命令："令你率300只战船，由海道火速前往交州，增援皎公美。"

原来，交州守将皎公美暗杀了安南节度使杨廷艺，篡夺了他的官职，激起了杨廷艺旧部的愤怒。交州军中摩擦不断。前不久，杨廷艺旧将吴权正式起兵攻打皎公美。两军在交州展开了激战。由于皎公美平时对士兵十分刻薄，不堪压迫的士兵纷纷倒戈投降吴权。皎公美只得派使者用重金贿赂南汉王刘龚，请求他派兵搭救。刘龚握兵南汉，早就对交州存有觊觎之心，只是苦于没有借口。现在有了这个机会岂肯放过？于是急急派儿子刘弘操作先锋，名正言顺地向交州出兵，自己统率大军殿后。

崇文使萧益满怀忧心地向南汉王进谏道："王爷，我军这么仓促行事，是否有欠周全？海道非比陆路，路遥风险难料。而且吴权又素以狡诈闻名，我军万不可冒险轻敌。大军出动，还是多用向导，然后进军为上。""现在顾不得这些了，不要多说了。"南汉王皱皱眉头，不让萧益说下去。他决心已定了。

不久，刘弘操带领先锋船队赶到了交州海湾入口处。遇到吴权军的几只小船，正开过来向南汉军挑战。刘弘操命令各船全速前进。

几只吴权军小船，见南汉军大队船队开进交州，便调转船头逃跑。南汉军紧紧追赶，企图把它们一举歼灭。就在南汉军深入交州海湾的时候，海水开始落潮了。吴权军的小船三划两划便溜走了，可南汉军的战船行动不便，就在他们想调转船头时，突然船底触及硬物，"嘎嘎"出声，全部动弹不得了。

这时，隐藏在四周的吴权军纷纷出动了。一时间，喊杀声四起，南汉战船在吴权军强大攻势面前，只有干等挨打。多半士兵落水淹死，刘弘操也落入水中被打死了。

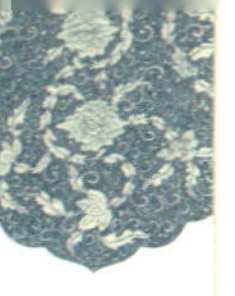

原来，吴权早得知南汉军要来进攻，便利用海水涨潮落潮规律，在海湾设下铁尖木桩阵，有意用轻便小船引诱敌军进入伏击圈，一举打败了南汉军。

对于突发情况人们往往手忙脚乱，因此，只有充分发挥主观能动性才能得到一个比较理想的结果。

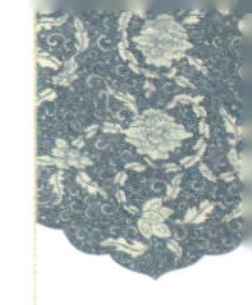

第十五章

古之善为道者[①]，微妙玄通，深不可识。夫唯不可识，强为之容[②]。豫[③]兮若冬涉川[④]，犹[⑤]兮若畏四邻[⑥]，俨[⑦]兮其若客[⑧]，涣兮其若释[⑨]，敦兮其若朴[⑩]，旷兮其若谷[⑪]，混兮其若浊[⑫]。孰能浊[⑬]以静之徐清？孰能安[⑭]以动之徐生？保此道者，不欲盈[⑮]。夫唯不盈，故能蔽而新成[⑯]。

注释

①善为道者：指得“道”之人。

②容：形容、描述。

③豫：兽名，性多疑，每有行动，踌躇不敢行，这里用以形容行为之瞻前顾后。

④涉川：战战兢兢、如临深渊。

⑤犹：兽名，其特点与“豫”相似。此处用来形容警觉、戒备的样子。

⑥若畏四邻：形容不敢轻举妄动。

⑦俨：形容端谨、庄严、恭敬的样子。

⑧客：一本作“容”，当为客之误。

⑨涣兮其若释：形容流动的样子。

⑩敦兮其若朴：形容敦厚老实的样子。

⑪旷兮其若谷：形容心胸开阔、旷达。

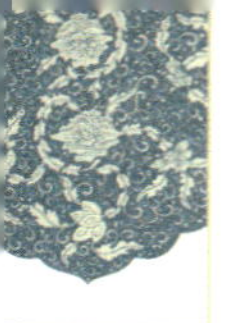

⑫混兮其若浊：形容浑厚纯朴的样子。混，与浑通用。

⑬浊：动态。

⑭安：静态。

⑮不欲盈：不求自满。盈，满。

⑯蔽而新成：指去故更新。

译文

古时善于行道的人，见解微妙而且深刻玄远，不是一般人可以理解的。正因为不可认识，所以只能勉强地形容他：他小心谨慎啊，好像冬天踩着冰过河；他犹豫狐疑啊，好像居于强邻的包围之中；他恭敬郑重啊，好像要去赴宴做客；他行动洒脱啊，好像冰块缓缓消融；他淳朴厚道啊，好像没有经过加工的原料；他旷远豁达啊，好像深幽的山谷；他浑厚宽容啊，好像浑浊的江河大流一样。谁能使浑浊安静下来，慢慢澄清？谁能使安静变动起来，慢慢显出生机？保持上述道的要义的人，不肯自满。正因为他从不自满，所以才能做到去故更新。

解读

本章通过对“善为道者”的形象描述，体现了有道者的伟大人格形象，告诉大家做事要留有余地，这样才能不断改正进步。

“善为道者”潜心修道，在成绩面前不会表现出半点的骄傲情绪，而是始终保持高度的警惕性，就像冬天踩冰过河一样，时刻小心，以防陷入危机。与世人相处，无门户、宗族观念，无荣辱、贵贱之分，对人团结友爱，虔诚有加。对四邻以礼相待，他不因为有超常的智慧而傲视四邻，相反却主动接近他们，以沟通情感和意志。为人处世上，不肆意妄为，爱人如己，敬重他人，没有主人的观念，而是甘做世人的客人，对人有礼有节，不做违背道德的事。做事业时，排除各种恩恩怨怨和名利之心对心灵的干扰，全心投入行道的事业。

有道之士有天地般的胸怀和志向，不会执着于个人的名利得失，而是以忘我的精神，放眼于整个人类的利益，想人民之所想，急人民之所急，始终以大道来充实内心世界，使忠厚之德不断升华。因此，他们给人的印象必然是至诚不欺、忠厚朴实的。这在有些人看来，劳碌一生而不为名利，无异于头脑简单、愚蠢的傻子。其实，真正浑浊的是那些执着于个人名利的人。

得道之人，明白盈满则亏的道理，所以做人做事，总会留有余地，不追求丰盈的物质享受，而追求知足的简单朴素自在的生活，让生命处在一种适时、适当的平衡状态中。正因其永远不满，不会溢出，永远不会走到尽头，才能不断地消除错误观念取得新的成就。

【证解故事】

战国时的乐羊子，一天在路上拾到一块金子，高兴极了，回到家马上交给了妻子。

谁知妻子却瞪了他一眼，说："志士不饮盗泉之水，廉士不受嗟来之食。而你在路上拾到别人丢失的金子，却是那样高兴，我不觉得这种贪财求利的品行是高尚的！"

乐羊子很惭愧，立即把金子丢到野外去。后来，他在妻子的鼓励下，去远方求学。

一年过后，乐羊子回家了。

正在织布的妻子问："你已经学到很多知识了吗？"

乐羊子说："不，我在外面游学久了，很想你和母亲呀。"

妻子很生气，立即操起一把剪刀，把没织完的绸子剪断了，然后说："你知道吗？这绸子是用蚕丝在织布机上织成的。一根丝虽然很细很细，但只要不断地织，就能由一丝织成一寸，由一寸积累成一尺，由一尺积累成一丈，由一丈积累成一匹。现在，你出外游学，每天学到一些新鲜知识，逐步培养美好的品德。如果半途而废，和剪断的绸子有什

么不同呢？”

乐羊子听了这一番朴素而又生动的话，很受启发，又外出学习，整整七年没有回家。

在这七年中，乐羊子的妻子起早贪黑地辛勤劳动来养活婆婆，可用织成的布匹换来的只是粗茶淡饭，勉强糊口。

一天，别人家的鸡误入了她家的菜园子，婆婆因为好长时间没有吃到荤菜了，捉到鸡二话没说就把它宰了煮着吃。媳妇知道这鸡是别人家的，就哭了起来，一口也不吃。

婆婆奇怪地问：“难得有鸡吃，你还哭啥呀？”

媳妇不责怪婆婆贪小利，反而自责道：“媳妇不孝，不能挣大钱换好吃的，使得咱家的饭中有外人的鸡肉啊。”

婆婆听了，很是惭愧，就丢弃鸡肉不再吃。以后也不再占人家的便宜。

七年后，乐羊子回家了，这时候，他已成为一个道德高尚而且学识渊博、足智多谋的人了。他于公元前 408 年被魏文侯拜为大将，一举收服了中山国（古国名，在今河北省定州）。

第十六章

致虚极，守静笃，[1]万物并作[2]，吾以观复[3]。夫物芸芸[4]，各复归其根。归根[5]曰静，静曰复命[6]。复命曰常[7]，知常曰明[8]。不知常，妄作凶。知常容[9]，容乃公，公乃全，全乃天[10]，天乃道，道乃久。没身不殆。

注释

①致虚极，守静笃（dǔ）：极、笃，意为极度、顶点。这句话的意思是说达到极端的空虚无欲，坚守彻底的清净无为。

②作：生长、发展、活动。

③复：循环往复。

④芸芸：茂盛、纷杂、繁多。

⑤归根：根指道，归根即复归于道。

⑥复命：归复本源，重新孕育新的生命。

⑦常：万物运动与变化中的不变的律则。

⑧明：准确地认识和把握规律。

⑨容：宽容、包容。

⑩天：指自然的天，或为自然界的代称。

译文

达到极端的空虚无欲，坚守彻底的清净无为。万物都一起蓬勃生长，我从中观察其循环往复的道理。那万物纷纷芸芸，各自返回它的本源。返回本根就叫“静”，静叫作复归本性。复归本性是万物运动与变化中不变的规律，认识和了解万物运动与变化都遵循着永恒的规律，叫

作“明”。不认识把握永恒的规律，就会轻举妄动做出凶险之事。能够认识自然规律的人是无所不包的，无所不包就会坦然公正，公正就能周全，周全才能符合自然的“道”，符合自然的道才能长久，终生不会遭受危险。

解读

本章强调的是人们应当用虚寂沉静的状态，去面对宇宙万物的运动变化。

自失是静坐中自我躯体在意念中消失，一切知觉全无，但自我意念还存在。忘我是进入道的境界，自我意念完全被道的景象所吸引，情不自禁，不再有任何忧愁，只有纯净的灵魂。守虚至诚，守静至笃，以不变应万变，才能进入道的境界。在道境中观察万物变化所得出的结论，是事物的一般规律。

懂得了自然法则，认识到万事万物的发展变化都有其自身的规律，从生长到死亡、恢复到本真状态，如此一来，才能按照规律行事，自我宽容，不以意气用事，做出有害生命的事情。

本章是老子对养生之道的阐述和论证。宇宙万物各归其根，然而归根必须复命。精须神守，有神守护的生命才会充满活力。总之，欲归根、复命，须守虚、守静。

在老子看来，无论认识人生哲理，还是认识客观世界，其基本态度是“致虚”“清静”“归根”和“复命”，也就是回到一切存在的根源，一种完全虚静的状态。虚无是道的本体，运用起来是无穷无尽的。想要达到虚无，获得大智慧，就要人们排除物欲的诱惑，回归虚静无为的本真状态。

第十七章

太上[①]，下知有之[②]。其次，亲而誉之。其次，畏之。其次，侮之。信不足焉，有不信焉。悠兮[③]其贵言[④]。功成事遂，百姓皆谓："我自然[⑤]。"

注释

①太上：至上，指最好的世代。

②下知有之：人民只知道统治者的存在。

③悠兮：悠闲自在的样子。

④贵言：珍惜言辞，即很少发号施令。

⑤自然：自己本来就如此。

译文

最好的世代，人民只是感觉到统治者的存在；其次的统治者，百姓亲近他并且称赞他；再次的统治者，百姓畏惧他；更次的统治者，百姓轻蔑他。统治者的诚信不足，百姓是不会相信他的。最好的统治者悠闲自在，少发号施令，事情办成功了，老百姓会认为："我们本来就是这样的。"

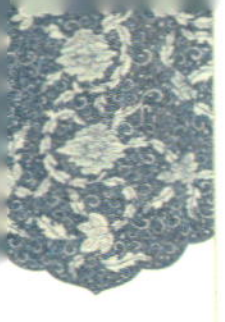

解读

本章通过对统治者治国之策的对比，再次说明无为而治的重要性。

老子认为，如果统治者用严刑峻法来镇压人民，实行残暴扰民政策，人民只会逃避他、畏惧他；如果实行德治，人们就会亲近赞扬他。而统治者用无为之治，顺道而行，顺其自然，不勉强百姓，按照事物的发展规律行事，那么自然而然就能事半功倍。各得其所，各就其位，各行其是，各得其安，百姓安居乐业，国家安定和谐。做到无为而无所不为。

统治者的诚信不足，民众自然不信任他。统治者谨言慎行，科学决策，顺应事物发展潮流，事情自然而然会圆满成功。

【证解故事】

姚启圣，字熙止，浙江会稽人。康熙二年乡试考中，当了广东香山县知县。

从明末以来，香山县因盗匪和天灾并行，人民缴不上赋税，知县因此而被捕入狱者已达七人。姚启圣上任后哀叹说："明年再加我一个，被捕入狱的香山知县就是八个人啦！"于是他置办酒席，奏上音乐，把七个被捕的知县从狱中请出来，一起痛饮，并给他们办理行装，送回原籍，然后向总督报告说，七名知县应追回拖欠官府的税金共十七万，已在某月某日全部收回入库。总督阅后大为吃惊，以为姚启圣是个巨富，想行善替七个知县偿还欠款，岂知他是个贫寒之士，哪有能力替那些人偿还税金呢？

不久，吴三桂、尚可喜、耿继茂作乱，皇帝令康亲王南征，姚启圣心中大为高兴，认为自己的好运来了，便对好友吴兴祚说："我闯了大祸，非帮助康亲王立奇功不能避祸，要想说服亲王，非你去不可。"吴兴祚答应了他的请求，姚启圣备了银圆五千，以便买通看门的小厮；又打听出亲王喜欢弹丸，特意制造10万粒让吴兴祚送去。吴兴祚相貌英俊，

能言善辩，又熟悉福建的山川地理及兵马之术，康亲王同他谈得十分投机。吴兴祚乘机推荐姚启圣，亲王立即应允，行文给两广总督和广东巡抚，调姚启圣为参谋。这时总督才惊呼上了姚启圣的当，但迫于康亲王的命令，不得已让姚启圣离职而去。

至于所亏欠的税金，总督只好强令海上商人补缴。

姚启圣放弃了自己的职位，去谋求了更有前途的发展。所以放弃需要远见卓识，需要放出眼光，不仅是观念的更新，更是一种科学理念的确定。我们常说“脑筋开窍，山水变宝”，确立学会“放弃”求发展的理念，能促使我们反省那些竭泽而渔、焚琴煮鹤的短期行为，从而以“错位发展”的思路来经营我们身边的山山水水，不断地在“放弃”中拓展广阔的空间，取得长足的发展。

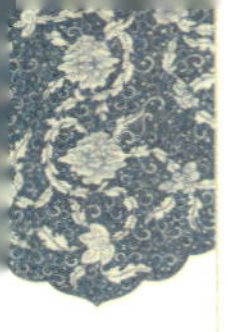

第十八章

大道[1]废，有仁义；慧智[2]出，有大伪；六亲[3]不和，有孝慈[4]；国家昏乱，有忠臣。

注释

①大道：指社会政治制度和秩序。

②慧智：聪明、智巧、智谋。

③六亲：父母、兄弟、妻子。

④孝慈：孝子慈父，一本作孝子。

译文

大道被废弃了，才彰显出仁义的重要性；智巧出现，伪诈才盛行一时；六亲不睦，才能显示出孝与慈；国家陷于混乱，才能出现忠臣。

解读

本章是政治论。从社会矛盾加剧的原因分析解决这些社会矛盾的策略，指明了治国的具体措施。

老子深明矛盾的对立转化规律，矛盾着的双方是互相对立、互相依存的，只强调一个方面，矛盾必然会向其相反的方面转化。

出现仁义，就会出现不仁不义；强调智慧，阴谋诡计就会相伴而生。人们赞美仁义，渴求智慧，是因为身处大道废弛、社会纷乱、人性贪婪的时代。崇尚孝慈和忠臣，是因为家庭不和、奸臣当道。如果社会本身就是至纯至朴的，人人都是真善美的化身，仁义、智慧就不会有人强调了。

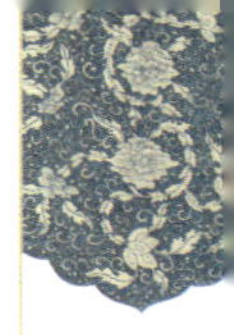

就像一个身体健康的人，他不会去感激良医；一个内心世界丰富的人，用不着寻求外来刺激。这里，老子所要说明的是，舍大道而强调仁义、智慧，是舍本逐末、背道而驰。仁义、智慧虽不失为一服治世良药，但它治标不治本；再者，有良药出现，就会有假药降生。假药可查，假仁假义却不易识破。强调仁义、智慧的作用，是站在“有”的层面上说的，是不懂得辩证法的精髓，关键是没有体会“无”的含义。

以上四句是提出问题，针对仁义和智慧、孝慈和忠臣的负面效应进行了分析，指出强调仁义、大伪出现、六亲不和、国家昏乱的现象，都是大道废弛的结果。所以老子要求人们树立合乎道的思想观念，通过自身实践来把握世界的本质规律，以此指导人们正确处理人与自然之间、人与人之间以及自我与真我之间的矛盾。

【证解故事】

西汉时候，有个著名的军事指挥家韩信。他是刘邦的军师，很有谋略，在侍奉刘邦之前，家境十分贫寒。韩信自幼好学，长大后想去当官，很有抱负，但一直未能如愿。当时他衣食全无，常常挨饿，有时候到较好的朋友家去蹭一顿饭吃。天长日久，朋友的妻子对韩信常来吃饭有一肚子怨言，常常埋怨。自己的丈夫结交了这么一个没有本事的穷光蛋，后来就干脆不给韩信饭吃。韩信也不便再去，只好东一口西一口地乞讨为生。后来他来到一个老太太家，老太太见他可怜，就分一半饭给他吃，韩信也饿坏了，狼吞虎咽地把饭吃光了。时间长了，韩信非常感激老太太的救命之恩，并说等日后当了官，一定重重报答。老太太不以为然地说：“我不图你的任何好处，只愿你日后能够干出一番事业。”

韩信为之更加刻苦读书，争取有个好的机会能够脱颖而出。韩信有一口祖传宝剑，削铁如泥，而剑本身却丝毫不会受到任何损伤，便拿出去卖。这一天，韩信正在卖剑，碰上一个屠夫。屠夫看不起韩信，就

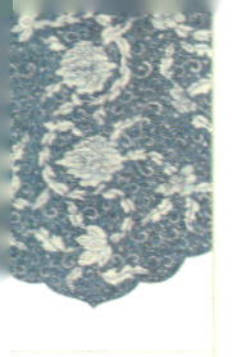

有意侮辱他，指着剑说道：“你这剑不是削铁如泥吗？你砍我试试，看是不是能砍得动。如果砍不动，你这剑就不是好剑，如果你不敢砍，你就必须从我的裤裆底下爬过去。”韩信想：你这不是没事找碴儿吗？别说我这削铁如泥的祖传宝剑，就是普通剑亦可刺你于地下。如果不试剑，就得当着这么多街坊邻居的面，钻他的裤裆，真是让我下不来台。既然你要试试这口剑，我就成全你。一边想，一边慢慢地把剑抽出鞘，把剑举起来，正在这关键时刻，只听“咣当”的一声脆响，剑掉在了地上。原来韩信忽然有了新的想法，决计不杀他。韩信想，杀了他，简直太容易了，就如同杀一条狗。但那就要吃官司，这辈子的才学也就赔进去了，太不值得了。君子不和牛斗气，等我将来当了官，再收拾他不迟。韩信想到这儿，就趴在地上，拿起宝剑，从屠夫的裤裆下面钻了过去。别人都以为韩信懦弱，全都哈哈大笑。而韩信却没有感到有什么不好，他用理智战胜了愚昧，忍受了暂时的侮辱，是为了将来要成就一番大事业。

韩信不仅仅只顾及当前而更注重长远，不因一时用气而铸下终生悔恨，是非常明智的。

后来，刘邦听说韩信很有智谋，就重用韩信。韩信不负刘邦，帮助刘邦打下了天下。韩信是淮阴人，因此被刘邦封为淮阴侯。

第十九章

绝智弃辩[①]，民利百倍；绝伪弃诈，民复孝慈；绝巧弃利，盗贼无有。此三者[②]以为文[③]不足，故令有所属[④]：见素抱朴[⑤]，少私寡欲。

注释

①绝智弃辩：抛弃聪明巧辩。智，聪慧；辩，巧言。

②此三者：指智辩、伪诈、巧利。

③文：浮文。

④所属：归属的地方。

⑤见（xiàn）素抱朴：意思是保持原有的自然本色。“素”是未染色的丝；“朴”是未经雕琢的木；素、朴是同义词。

译文

抛却聪明和智巧，百姓可以得到百倍的好处；抛弃虚伪欺诈，百姓可以恢复孝慈的天性；抛弃工巧和私利，就不会有盗贼产生。智辩、伪诈、巧利这三者全是巧饰，作为治理社会病态的法则是远远不够的，所以要使人们的思想认识有所归属：保持纯洁朴实的本性，减少私欲杂念。

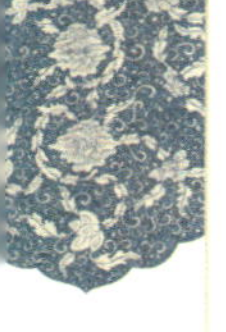

解读

本章中，老子提出了治国的三项具体措施。人治社会的统治者应该杜绝一切背道而驰的独裁统治，弃绝一切“以智治国”的政治体制。

仁义思想是站在有为的层面上设言施教，引导人们弃恶从善，化解社会矛盾，但这是主观片面的。在阶级社会里，仁义与否只能以统治者的利益标准来衡量。因此，仁义必然会成为统治阶级剥削和压迫人民的精神工具，仁义的本质就是吃人。“绝仁弃义”，是对套在人民头上的精神枷锁的彻底否定。

以利己主义的人生观来指导人生，在物质利益的诱惑下，不择手段的强盗、惯偷自然出现。“绝巧弃利”是对个人主义的彻底否定。

“绝圣弃智”“绝仁弃义”“绝巧弃利”，是解决社会矛盾的三种具体方式，然而，只用文字来说明是不够的，所以，还要让它们归结到具体的措施上来，那就是“见素抱朴，少私寡欲”。

社会法律是神圣的，是在全民的共同培育下形成的，是合乎客观规律的，不允许肆意地加工和雕刻，否则就失去了自然性。合乎客观规律的法则是自然法、无为法，否则就是人为法、有为法。

要推举品质纯洁、高尚的圣人，实行法治，即用“无为之治”取代“有为之治”。少些个人主义思想，多些集体主义思想，以集体主义取代个人主义。

【证解故事】

春秋时，晋国君主晋襄公死了，而太子夷皋年龄太小，什么也不懂，再加上没有什么实力，根本控制不了局势。大臣们见太子位子难保，私下里积极活动起来，每个人都希望重新立自己控制的公子为太子，朝内一片混乱。

在大臣中，有两人的势力最大，竞争也最激烈。这两人就是赵盾和贾季。赵盾想立襄公的弟弟公子雍，而贾季想立襄公的另一个弟弟公子

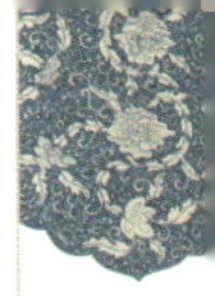

乐。两人明争暗斗，互相挖墙脚。但当时两位公子都不在晋国，必须从国外将他们接回来。贾季派人到陈国接公子乐，他行动迅速，走在赵盾前面。眼看公子乐就要回到晋国，赵盾岂能善罢甘休！他派人跟在公子乐回国队伍的后面，找机会将公子乐杀死了。公子乐死后，赵盾不慌不忙地派人前往秦国迎接公子雍。为安全起见，秦国派军队护送公子雍上路。

公子乐一死，贾季知道大势已去，也不再与赵盾争权。看来，公子雍做晋国国君大局已定。襄公夫人穆嬴作为一个弱女子，也无计可施，只能看着自己的儿子夷皋失去继承君位的权力，而且极可能遭到暗算。但是，做母亲的本能使她拼命想保全自己的儿子。她也没什么办法，只能哀求，争取感化大臣。

每次群臣朝会议事，穆嬴就抱着儿子在朝堂上痛哭，说："先君到底有什么过失？年幼的太子有什么罪？太子虽然还小，但总还是先君亲自册立的，难道说废就可以废掉吗？废掉太子而从外面迎立新君，你们眼里还有先君吗？你们不怕坏了祖制吗？"说到伤心处，穆嬴掩面而泣。太子什么事也不懂，但也跟着放声大哭。母子抱头痛哭，场面非常凄惨。群臣看了，也有些不忍，逐渐有了点心虚的感觉。

穆嬴还经常抱着太子到赵盾家中，以情动之，对他说："先君那么器重你，临终时将太子托付于你，当时的场面，妾身还记得清清楚楚。先君正因为你答应照顾太子，他才放心地去了。如今废掉太子，难道你不想想先君的重托吗？大丈夫岂能不忠，又岂能无信？"

赵盾听了，也感到自己太过分了。如果真这样做的话，势必会落个不忠不信的名声。再说这样下去，人心惶恐，势必天下大乱。自己拥立的新君名不正言不顺，怕也难以服众。于是他和群臣商量，派军队阻止护送公子雍的军队，不许他们入境，仍然立太子夷皋为君。

由于能据理力争，所以保住了太子。这就启示我们将命运的钥匙操之在我，所有的一切由自己肯定，也由自己否定，不能轻言放弃。

第二十章

绝学无忧。唯之与阿[①]，相去几何？美之与恶[②]，相去若何？人之所畏[③]，不可不畏。荒兮[④]，其未央[⑤]哉！众人熙熙[⑥]，如享太牢[⑦]，如春登台[⑧]。我[⑨]独泊[⑩]兮，其未兆[⑪]，如婴儿之未孩[⑫]，儽儽[⑬]兮，若无所归。众人皆有余[⑭]，而我独若遗[⑮]。我愚人[⑯]之心也哉！沌沌兮！俗人昭昭[⑰]，我独昏昏[⑱]；俗人察察[⑲]，我独闷闷[⑳]。澹[㉑]兮其若海，飂[㉒]兮若无止。众人皆有以[㉓]，而我独顽且鄙[㉔]。我独异于人，而贵食母[㉕]。

注释

①唯之与阿："唯"，诚恳的应诺声。"阿"，逢迎的应对声音。唯的声音低，阿的声音高，这是区别尊贵与卑贱的用语。

②美之与恶：美，一本作善，恶作丑解。即美丑、善恶。

③畏：惧怕、畏惧。

④荒兮：无边无际，形容广漠、遥远的样子。

⑤未央：未尽、未完。

⑥熙熙：熙，快乐，用以形容纵情奔欲、兴高采烈的情状。

⑦享太牢：太牢是古人把准备宴席用的牛、羊、猪事先放在牢里养着。此句为参加丰盛的宴席。

⑧如春登台：好似在春天登上高台，极目远望。

⑨我：可以将此"我"理解为老子自称，也可理解为所谓"体道之士"。

⑩泊：淡泊、恬静、浑朴。

⑪未兆：没有征兆、没有预感和迹象，形容无动于衷、不炫耀自己。

⑫孩：通"咳"，形容婴儿的笑声。

⑬儽（lěi）儽：疲倦闲散的样子。

⑭有余：有丰盛的财货。

⑮遗：借作“匮”，不足的意思。

⑯愚人：蠢笨的人。这里是作者以反话自嘲。

⑰昭昭：智巧光耀的样子。

⑱昏昏：愚钝的样子。

⑲察察：严厉苛刻的样子。

⑳闷闷：糊涂、不清楚的意思。

㉑澹（dàn）：辽阔、辽远的意思。

㉒飂（liáo）：狂暴的风，形容形迹飘逸。

㉓有以：有用、有为，有本领。

㉔顽且鄙：形容顽愚而鄙陋。

㉕贵食母：母用以比喻“道”，道是生育天地万物之母。此名意为以守道为贵。

译文

杜绝世俗之学，就不会出现忧患。应诺和呵斥，相差有多远？美好和丑恶，又相差多远？人们所畏惧的，我也不能不畏惧。宇宙是如此宽阔啊，好像没有尽头的样子。众人都熙熙攘攘、兴高采烈，如同去参加盛大的宴席，又如同春天里登台眺望美景。而我却独自淡泊宁静，无动于衷。混混沌沌啊，有如初生的婴儿连笑也不会笑。疲倦闲散啊，又像长途跋涉的游子没有归宿。众人都有所剩余，而唯独我好像不足。我真是只有一颗愚人的心啊！众人光耀自炫的时候，只有我昏昏昧昧；众人严厉苛刻的时候，唯独我淳厚宽宏。沉静的样子，像辽阔的大海没有止境；飘逸的样子，如肆虐的狂风横扫万里。世人都有所作为，唯独我愚

昧且笨拙。我和世人与众不同，而我重视取法为道。

解读

本章通过有道之人和俗人、常人的反复对比，说明有道者精神的自由和人格的伟大。昭示人们不要舍本逐末，背道而驰，追逐外在的名利，而应该以返璞归真为人生之根本。

无道社会人们所关心的都是一些皮毛的小礼小节，比如“唯”表示尊敬地应答，“阿”表示不尊敬地应答。因为语气不同，礼节上也就不同了。在等级制度森严的礼教统治下，尽管都是表面现象，但还是需要学习使用。在“有礼”的社会里，说话做事需时时小心，步步留神，稍不注意，碰上“懂礼”的人，就会让你下不了台，甚至要了你的性命。不行“善”就得不到外界的赞誉和认可，因而一生无名无利。但是，倘若“懂礼”“知善”，只要有了“礼”和“善”的面具，哪怕是十恶不赦之人，名利也会向他招手。于是，人们为了追求名利，都去学“礼”、行“善”，反正都是表演给别人看的，无须管它真和假。在无道的社会里，只有无理霸道、奸诈机巧的人才吃得开、行得通，真正的善人却不可避免地成为他们欺压的对象。因此，人心不古，社会纷乱，道德日趋没落。处在这样的社会里，谁还关心内在的心灵呢？于是心灵荒芜了，像是无边无际的沙漠。这正是“人之所畏，不可不畏”的缘故。人们所害怕的是无名无利，也正是名和利，才使得人们荒芜了心灵，而心灵的荒芜才是真正可怕的呀！

众人皆求“有”，一旦取得了一点点小名小利，就沾沾自喜，尽管他们时时在遭受着统治阶级的剥削和压迫，反而不知不觉，醉生梦死，不知道什么是真正的幸福和自由。众人皆追逐外在的名利，而圣人明于大道独求“无”，守护着自己纯正的内心，少私寡欲，心怀高远，沉浸于美好的精神归宿——大道之境，享受心灵的无限自由，一切按规律办事，不敢偏离大道去随意发挥。

众人皆以“有”为贵，而圣人以“无”为贵。所以，得道之士的价值观念及其独特的个性是不为众人所理解的。

【证解故事】

金明昌年（公元1190—1196年），景州（今河北省境内）有一个妇人分别跟隶卒马全和王二通奸。这事神不知鬼不觉地过了好些时候。

有一天，那妇人要回娘家，与王二约定在城外树下相见。哪知，马全恰巧听到这消息，马上醋性大发，萌发杀机。他抢先在王二之前，等在那棵树下。妇人一到，马全忽然从大树背后闪出，把她杀死了。

第二天，妇人的父亲有事上城，顺便去看望女儿。妇人的婆婆说：“你女儿昨天已经回娘家了，怎么还来这里看她？”妇人的父亲大吃一惊，连忙四下寻找，在树下找到了女儿的尸体，马上奔到官府，声泪俱下地告状。官府审理此案，询问妇人的婆婆：“你儿媳这几天和谁商量过事情。”婆婆想了一会儿，答道：“对了，只与王二说过话。”很快，王二被拘捕来，在百般严刑拷问下，只得胡乱招供，并交代道：“那妇人所带的包袱还埋在一棵树下。”官府派人循迹摸索，果然在树下起获。王二一听，叫苦不迭，惊骇道：“怎么真有？看样子，我命绝矣！”参与审讯的张公谨见情生疑，对审讯官吏说：“给我三天时间，保证擒到真凶！”官吏点点头，允许这么办。张公谨问看门的役卒：“审讯王二时，有人在墙外偷听吗？”役卒们答话：“隶卒马全在墙外站了很久。”

公谨又询问看守城门的役卒说：“昨晚是否有人带着包袱出城？”有人答道：“只有马全带着一个包袱出城了。”张公谨立即下令拘捕马全。一番审讯，马全只能如实招认。

从上面的故事我们可以看出，要培养自己解决问题的能力，一定要通过仔细的分析，全面地考察，逐步提高自己的能力。

第二十一章

孔[①]德[②]之容[③]，惟道是从。道之为物，惟恍惟惚[④]。惚兮恍兮，其中有象[⑤]；恍兮惚兮，其中有物。窈兮冥兮[⑥]，其中有精[⑦]；其精甚真[⑧]，其中有信[⑨]。自今及古[⑩]，其名不去，以阅众甫[⑪]。吾何以知众甫之状哉？以此[⑫]。

注释

①孔：大。

②德：“道”的显现。

③容：容貌、样态。

④惟惚：仿佛、不清楚。

⑤象：形象、具象。

⑥窈兮冥兮：窈，深远，微不可见。冥，暗昧，深不可测。这里指遥远幽深。

⑦精：最微小的原质，极细微的物质性的实体。

⑧甚真：是很真实的。“真”，真切。

⑨信：信验，验证。

⑩自今及古：一本作“自古及今”。

⑪众甫：甫通“父”，引申为始。众甫就是指万物的起始。

⑫以此：由道认识。

译文

大德的形态，是由道所决定的。“道”这个东西，没有清楚的固定实体。那样的恍恍惚惚，其中却有形象。那样的恍恍惚惚，其中却有实物。

深远暗昧啊，其中却有精质；这精质是最真实的，这精质是可以信验的。从现在上溯到远古，它的名字永远不能废除，只有通过它才能观察万物的初始。我怎样才能知道万事万物起始的情况呢？是从“道”认识的。

解读

本章是对道的境界的描述，表明人的正确思想是来源于道的。

从道的物质性方面来讲，它存在的形式是飘忽不定的。但是自古至今，道是不会消失的，可以用来考察万事万物的发展变化规律。大道蕴藏着世界万物发生、发展及其变化的奥秘，识破了这些奥秘，就能树立正确的世界观、人生观和价值观。

道的境界是自我完全清醒时做的“梦”，具有自觉性、主动性、逻辑性的特点。道的境界的出现，是人的思维能动性、创造性的具体体现。常人缺乏道的境界，只有梦的境界，而梦的境界是虚幻不实的，无法捉摸的，于人生无益。置身于现实境界中的人，只能以物观物，以有识有，永远不能把握真理，悟透人生。因此，人生也就是迷惑的、痛苦的。

具有道的境界的人，以道境代替梦境，以本质印证现象，以大道印证现实，从而彻悟人生，彻悟宇宙真理。“不识庐山真面目，只缘身在此山中。”人们只有跳出现实的境界，进入道的境界，才能真正地认识自我，认识现实。一个觉悟了的人，就是具备了道德的人，就是解脱了名利的羁绊不为名利所累的幸福之人。

【证解故事】

战国晚期，阳翟（今河南禹州）大富商吕不韦，因救在赵国当人质的秦公子异人而有功于秦，官拜相国，尊崇无比。

吕不韦阳具颇大，深谙房中之术，受到庄襄皇后的宠爱，出入宫闱，无所顾忌。等看到秦王嬴政已经长大，聪明过人，吕不韦开始感到有点害怕。无奈太后淫心太盛，他不时被召入甘泉宫，行苟且之事。吕不韦害怕事情一旦暴露，必然会有大祸临头，便想找一个人代替自己。但是，要想找一个让太后满意的人，也非易事。有一天，吕不韦听说有个叫嫪大的人，阳具之大非常有名，里巷的淫妇都争着找他。秦国土话把无品行的人称作毒，所以人们把他叫作嫪毒。正赶上嫪毒犯了罪，吕不韦便赦免了他的罪，留在府中。

秦国当时有个风俗，农忙完了后，国人休息娱乐三天。只要有一技之艺，都可以在这三天里表演。吕不韦用桐木做了个车轮，让嫪毒把阳具穿在轮中，轮子转动而阳具却不受伤。满集市的人都掩口大笑。太后知道这件事后，私下里向吕不韦打听，很是羡慕。吕不韦顺水推舟，问太后："您想见见这个人吗？我把他送进来。"太后笑笑，没有回答，很久才说："你这不是开玩笑吧？外人怎么能进得了宫？"

吕不韦知道事情已经成功了一半，赶紧给太后出主意："我有一个计策，让人揭发他原先的罪行，处以腐刑。太后您重金贿赂行刑的人，假装阉割了他，然后让他以宦官的身份入宫服侍您，这样便能长久了。"太后听后大喜，不禁叫道："这个计策太好了！"于是，送给吕不韦一百金，让他去办理此事。

吕不韦秘密地召来嫪毒，告诉他事情的原委。嫪毒生性淫贱，欣欣然以为自己艳福不浅，有此奇遇。吕不韦果然让人揭发嫪毒的罪行，以腐刑论处，重金收买了主刑官吏，取驴的阳具及血，诈称行了腐刑，并拔掉嫪毒的眉毛胡子。行刑的人还故意把驴的阳具给人看，大家都以为真是缪毒的家伙。嫪毒被假施腐刑后，相貌很像宦官，很容易地

夹杂在内侍中，进了后宫。太后把他留在宫中，夜里让他陪着睡觉，一试，果然不凡。太后认为胜过吕不韦十倍。第二天，太后重重地赏赐了吕不韦，奖励他进贡嫪毐有功。自此吕不韦得以脱身。没几年，太后和嫪毐事发，秦王大怒，车裂了嫪毐，而吕不韦仅仅被免职，得以保存了性命。

吕不韦的行为虽然不值得推崇，但是它也从一定程度上说明，狡猾的人总会想到为自己辩解开脱的理由。所以我们做正当的事，做正当的人，如果再加上一点点的小聪明，何患不能成功呢？

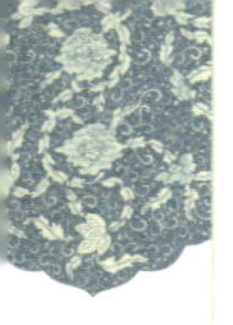

第二十二章

曲则全，枉[①]则直，洼则盈，敝[②]则新，少则得，多则惑。是以圣人抱一[③]，为天下式[④]。不自见[⑤]，故明[⑥]；不自是，故彰；不自伐[⑦]，故有功；不自矜，故能长。夫唯不争，故天下莫能与之争。古之所谓曲则全者，岂虚言哉！诚全而归之。

注释

①枉：屈、弯曲。

②敝：凋敝。

③抱一：抱，守。一，即道。此意为守道。

④式：法式，法则。

⑤见（xiàn）：通“现”。

⑥明：彰明。

⑦伐：夸。

译文

委曲便会保全，屈枉便会直伸，低洼便会充盈，陈旧便会更新，少取便会获得更多，贪多便会迷惑。所以有道的人坚守这一原则作为天下的楷模，不自我表现，反能显明；不自以为是，反能是非彰明；不自吹自擂，反能功勋卓著；不自高自大，方能长久。正因为不与世人相争，所以遍天下没有人能与他争。古时所谓“委曲便会保全”的话，怎么会是空话呢？它是实实在在能够达到的。

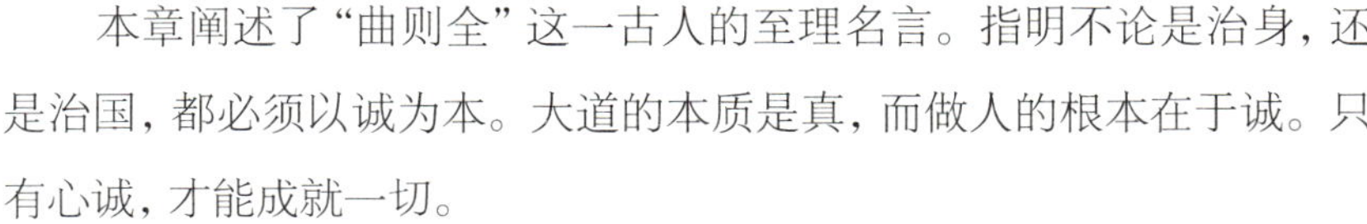

解读

本章阐述了“曲则全”这一古人的至理名言。指明不论是治身，还是治国，都必须以诚为本。大道的本质是真，而做人的根本在于诚。只有心诚，才能成就一切。

顺从别人，从而得以保全自己。这种明哲保身、毫无原则地委曲求全、求利的做法，是对人性的压抑和扭曲，绝不是道家精神。“曲”必须是合乎道的、有规则的。如果人的心灵时常处于无为、忘我的状态，真气就会处于和畅状态。

圣人治国，能够客观全面地看问题，明白上与下、官与民的辩证关系。国家是人民的国家，要想真正地治理好国家，就应当把自己的才智建立在全民智慧的基础上，无执无为，不主观臆断、不动辄发号施令，让人们去听从他那句句是真理的表面说教，而是让人们自觉自愿地寓教于自身的实践之中。这样一来，全民的道德水平就会在不知不觉中得以提高，并且稳固持久，代代相传。

圣人治国，不固执己见，处于忘我的境界，施行民主法治，自然而然就能够接纳人民群众的意见和建议。“以百姓之心为心”，政治必然会清明。确保言论自由，从而上情下达，下情上达，种种社会弊端就能够及时得到纠正，带领人民走共同富裕的道路。

圣人治国，既有健全的用人机制，又有完善的监督机制。始终保持谦逊的态度，不搞个人崇拜，不争功，不争名，不争利，不争位，并深明功成身退的哲理，进是为了人民，退也是为了人民。只有让后备力量跟上来，国家才能持久安定，社会才能持续发展。圣人功成身退，不但于己无损，反而更加美化了他的光辉形象。这是那些一心贪争功名利禄的人永远无法相比的。

大道至真，求道必须心诚，心诚则灵。只要具备了诚心，就一定能够打开道的大门。圣人心诚于人民，所以成为众望所归、人心所向的统治者。这就是“无私而成其私”“不争，故天下莫能与之争”的道理。

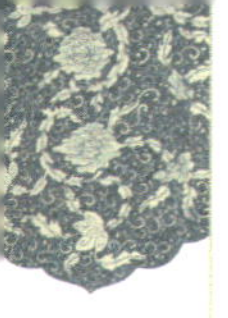

第二十三章

希言[①]自然。故飘风[②]不终朝，骤雨[③]不终日。孰为此者？天地。天地尚不能久，而况于人乎？故从事于道者[④]，同于道；德者，同于德；失[⑤]者，同于失。同于道者，道亦乐得之；同于德者，德亦乐得之；同于失者，失亦乐得之。（信不足焉，有不信焉。）

注释

①希言：指少说话。此处引申为统治者少施加政令、不扰民的意思。

②飘风：大风、疾风。

③骤雨：大雨、暴雨。

④从事于道者：按道办事的人。此处指统治者按道施政。

⑤失：此处指失道或失德。

译文

少施政令不扰民是合乎自然的。所以再大的狂风也刮不了一个早晨，再猛烈的暴雨也下不了一整天。谁使它这样的呢？天地。天地尚不能让疾风骤雨持久，更何况是人呢？所以，从事于道的就同于道，从事于德的就同于德，失道失德的，行为就是暴戾恣肆。同于道的人，道也乐于得到他；同于德的人，德也乐于得到他；同于失道失德的人，失道失德也乐于得到他。（统治者的诚信不足，百姓就不会信任他。）

解读

老子在本章举自然界的例子说明自然现象容易变化，但是人的活动更容易变化，因为将一种现象持续下去不容易，因为只有事物的本质才是不变的。

但是，人要透过现象去看到本质并不是件容易的事情。人能看到事物的本质就是得到了“道”。那些看不到“道”的，就叫作“失”。人若要达到“道”的高度，得持续不断地去追求事物本质。凡不去追求事物本质的人，就只能总处在事物本质以外的范畴“失”之中。

人类的实践活动一定要符合自然规律，要正确看待自己的力量，不能有激进行为，否则绝不会取得预期的效果。求道绝不是一朝一夕之功，欲求证大道，必须做好长期持之不懈努力的准备，既要有诚心，又要有恒心。一切形式的激进行为都是背道而驰的。

所以，凡是追求“道”的人，所遵循的路线一定要合乎客观规律，应该得到的东西要随着正确思想的获得而获得，应该抛弃的东西也要随着错误观念的消失而消失。

老子举自然界的例子，说明狂风暴雨不能整天刮个不停、下个没完。天地掀起的暴风骤雨都不能够长久，更何况人滥施暴政、虐害百姓呢？这个比喻十分确切，有很强的说服力。它告诫统治者要遵循道的原则，遵循自然规律，暴政是长久不了的，如果统治者清净无为，那么社会就会出现安宁平和的风气，如果统治者恣意横行，那么人民就会抗拒他；如果统治者诚信不足，老百姓就不会信任他。纵观古今中外的历史，哪一个施行暴戾苛政的统治者不是短命而亡呢？

中国第一个封建集权的王朝秦王朝仅仅存在了十几年的时间，原因何在？就是由于秦朝施行暴政、苛政，人民群众无法按正常方式生活下去了，被迫揭竿而起。另一个短命而亡的王朝隋朝何尝不是因施行暴政而激起人民的反抗，最后被唐王朝所取代呢？

【证解故事】

公元前262年，秦国欲出兵攻打韩国。韩国久弱难胜强敌，处于国破家亡的危险关头。韩桓惠王赶忙召集大臣商量对策，然而谁也想不出好主意，最后韩桓惠王问上党郡守冯亭。此人一向计谋多端，他的话打动了韩王的心扉。原来韩国的上党郡（今山西上党一带）土地肥沃，物产丰富，秦国对此垂涎已久，恨不得一下子据为己有。俗话讲，破财消灾。冯亭劝韩王把上党17郡送给贪婪的赵国，秦国就会放弃韩国转而攻打赵国，这样就能把战祸转嫁给赵国从而保存韩国，达到借秦之力削弱赵国的目的。

于是，韩王就派使者去谒见赵孝成王，说："倾巢之下，难有完卵，如今秦国强兵压境，韩王欲投降秦国，但上党百姓却强烈反对，他们抗议道：'秦国乃虎狼之国，秦兵皆如猛兽一般。与其让野蛮的秦兵来侵略我们的疆土，还不如把我们托付于宽厚的赵王呢。'因此，我们郡守顺从民心，愿意把上党的17座城池献给尊敬的赵王，请大王不要推辞。"

赵王对上党这块肥肉也垂涎已久，只是心有余而力不足。如今韩国却主动送上门来，真可谓天遂人愿，别提有多高兴了，当即就表示愿意接受。

这时平原君赵胜看穿了这是韩国嫁祸于人的把戏，就给赵王泼了一盆冷水。他说这是黄鼠狼给鸡拜年，没安好心。秦国早已看上了上党郡那片沃土，如果赵国接受这些城池，秦国怎肯善罢甘休？必然来攻打赵国，那将自找灾祸啊！

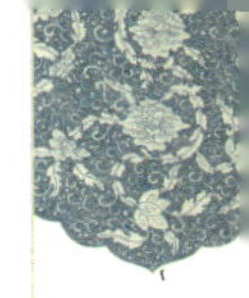

乌为食亡，人为财死。赵王明知赵胜的话有一定道理，但权衡再三，仍舍不得吐出这块到口的肥肉，最终还是接受了韩国的这17座城池。

果不其然，不久秦国就开始攻打赵国。赵王派著名的老将军廉颇迎敌，但又中了秦国的反间计，改用只会纸上谈兵的赵括来代替廉颇，结果赵40万大军被秦坑杀，这就是历史上著名的长平之战。韩国明知难抵强秦，就把祸水——17座城池，转嫁给赵国。赵王不听臣下高见，见财眼红，贪婪上钩，终于引狼入室。从此，赵国一蹶不振，最终被秦消灭。

赵王就是因为没有考虑到整个大局，只顾眼前的一点小利，最终害了自己，得到了灭国的结果。这告诫我们，做事以前一定要考虑后果，顾全大局。

第二十四章

企[1]者不立，跨[2]者不行。自见者不明，自是者不彰，自伐者无功，自矜者不长。其在道也，曰：余食赘行[3]。物或恶之，故有道者不处。

注释

①企：一本作“支”，意为翘起足，用脚尖站立。

②跨：跃、越过，加大步伐，快速行走。

③赘（zhuì）行：“赘”，剩余。这里指多余的形体，因饱食而使身上长出多余的肉。

译文

踮起脚跟想要站得高，反而站立不住；迈起大步想要前进得快，反而难以远行。自逞己见的反而得不到彰明；自以为是的反而得不到显昭；自吹自擂的反而建立不起功勋；自高自大的反而不能长久。从道的角度看，以上这些急躁炫耀的行为，只能说是剩饭赘瘤。惹人厌恶，所以有道的人绝不这样做。

解读

本章列举了不懂道的人的几种突出现象，告诉人们做事要脚踏实地，循序渐进。

老子把“物”作了拟人化的处理，说“物”不会喜欢不懂道的行为。因为“物”总是按道的规律运行，所以那些踮起脚，迈起大步，自逞己见，自以为是，自我夸耀，自高自大的行为，都是多余的、无用的，虽有一时之高，但绝不会持久。虽有一时之快，但是走不了多久必定要停下来。根本没有不按道的规律运行的“物”。硬要“物”不按规律运行，怎么做得到呢？这就是老子所说的“物或恶之”的意思。凡是懂得了道的，当然不会去做违反道的事情。

一切形式的主观、激进行为都是背道而驰的。只有遵循量变质变规律，脚踏实地，循序渐进，具有诚心和恒心，才能达到目的。

【证解故事】

春秋时，晋灵公残暴无道，为赵氏所杀。景公即位以后，宠信大夫屠岸贾。赵家的强大势力对屠岸贾的青云直上造成极大的威胁，于是他就以赵氏杀君为借口企图灭赵氏一族。屠岸贾的阴谋传到了一个大臣的耳朵里，这个人忙去把此事告诉了赵家的重要人物赵朔。赵朔请求他一定想办法保住赵家一脉香火，然后就赶快回到家中，把妻子送到了晋宫中避难。因为她是晋侯公主，此时已身怀六甲。

没过多久，屠岸贾就带领军队洗劫了赵府，杀死了赵氏一族的所有成员。或许是天不绝赵，公主在宫中生了个白白胖胖的儿子，取名叫赵武。天下没有不透风的墙，此事终于传到屠岸贾耳中。他知道，斩草不除根，必然会后患无穷。他多次派人搜索、查找，但没找到，他不死心，怀疑孩子已被带出了王宫。

他的判断是有一定道理的，孩子确实是被人冒着杀头的危险藏匿了起来。保护孩子的是赵朔的两个忠实的门客，一个叫公孙杵臼，另一

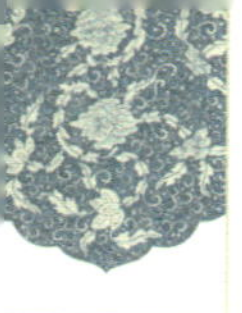

个叫程婴。搜查赵武的风声越来越紧，为了保证他的安全，他们只好找了一个与赵武年岁相仿的男孩做替身，来了个“狸猫换太子”，由公孙杵臼带着他藏到了山中。然后程婴就假戏真做，四处张扬说，谁给他出钱千金，他就告诉谁赵家孤儿的藏身之处。屠岸贾一听，不觉喜上眉梢：真是踏破铁鞋无觅处，得来全不费功夫啊！他一口答应了程婴的条件，催他带头领路去捉拿赵武。公孙杵臼一见程婴，就破口大骂：“程婴，你这个小人！当初是你要我藏匿赵武，如今又是你出卖了他。你财迷心窍，真不是东西！”

这时，孩子吓得哇哇直哭。杵臼双手抱住孩子，不禁老泪纵横，他顿足道：“苍天啊苍天，这小小的孩子究竟有什么罪过？求求你们饶了孩子，让我替他去死吧。”当然，这是不可能的。公孙杵臼与“赵武”都被杀掉了。屠岸贾除掉了心腹之患，不再有什么防范。他当然不知道，真正的赵氏孤儿就在他眼皮底下被安全地带出了王宫，又躲藏进了山中，在程婴的精心照料之下健康地成长。

15年之后，景公在一个偶然的机会里知道了事情的真相，就把赵武召进了宫中，授给了他官职，并同意赵武为其父报仇。于是赵武就带领军队抄杀了屠岸贾一族。

在这个故事中，两个忠实的门客为了救赵氏孤儿，就让那个无辜男婴，以他幼小的生命换来赵氏孤儿的生存。这就是舍车保帅了，当然我们要谨慎为之，因为每个生命都是宝贵的。

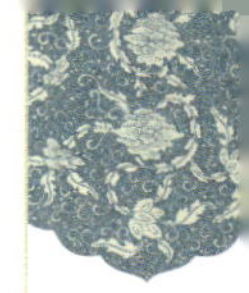

第二十五章

有物混成①，先天地生，寂兮寥兮②，独立不改③，周行④而不殆，可以为天地母⑤。吾不知其名，强字之曰道⑥，强为之名曰大⑦。大曰逝⑧，逝曰远，远曰反⑨。故道大，天大，地大，人亦大⑩。域中⑪有四大，而人居其一焉。人法地，地法天，天法道，道法自然⑫。

注释

①有物混成：物，指“道”。混成，混然而成，指浑朴的状态。

②寂兮寥兮：没有声音，没有形体。

③独立不改：独立生存，永不改变。

④周行：循环运行。

⑤天地母：母，指“道”，天地万物由“道”而产生，故称“母”。

⑥强字之曰道：勉强命名它叫“道”。

⑦大：形容“道”是无边无际、无所不容的。

⑧逝：指“道”的运行不息，永不停止的状态。

⑨反：通“返”。意为返回到原点，返回到原状。

⑩人亦大：一本作“王亦大”，意为人乃万物之灵，与天地并立而为三才，即天大、地大、人亦大。

⑪域中：即空间之中，宇宙之间。

⑫道法自然："道"纯任自然，本来如此。

译文

有一个东西浑然而成，在天地形成以前就已经存在。听不到它的声音也看不见它的形体，不依靠任何外力而独立长存永不停息，循环运行而永不衰竭，可以作为万物的根本。我不知道它的名字，所以只好叫它为"道"，再勉强给它起个名字叫作"大"。它广大无边而运行不息，运行不息而伸展遥远，伸展遥远而又回归本原。所以说道大、天大、地大、人也大。宇宙间有四大，而人只居其中之一。人取法地，地取法天，天取法"道"，而道则效法自然。

解读

道是万物之奥，蕴含着真理。人类要想把握真理，就必须识道。所以，道既是认识的对象，又是认识的方法，实践的方法。道的概念，并不是虚构的，而是直觉思维和理性思维相结合的产物。

老子用"道"字为世界的本体命名，意在说明认识世界的本体才是人们认识世界的正确道路，而道的运动、发展、变化所体现出来的对立统一这一宇宙规律就是人类必须遵循的人生法则和社会法则。

道是宇宙的本源，"小"是它的本质，本质是永恒的；"大"是它的现象，现象是变幻的。小与大是相对立而转化、相统一而存在的。万物由小到大、由大到小是循环往复、变化发展的，揭示的就是对立转化规律。而道体所体现出来的对立统一规律，为人类的实践活动指明了道路。

人类效法自然规律，寻求并制定出完善的人生法则和社会法则。王作为国家的统治者，应当心存大道，明白平凡与伟大的辩证关系，倘若不明白对立转化这一客观规律，反而自以为大，那就说明，这时的王已经死了，因为，他已经远离了人民，既然与人民为敌，那么就会在人民的反抗中诞生新的王。

老子道的哲学理念就在于为人类指明了合乎自然规律的治身之道和治国之道。

【证解故事】

我们的痛苦烦恼似乎永远也没有尽头，一下成功，一下失败，时而悲伤，时而喜乐；在生活里我们东突西窜，愈陷愈深，找不到一条出路。而老子告诉我们，道就是道，不生不灭，欲望太多的人就无法看透迷茫的前途，而平心静气者，却能够灵敏活泼地勇往直前，这才合乎大地所具有的德性。

有一则寓言：

有位书生准备进京赶考，路过鱼塘时正巧渔夫钓了一条大鱼，便问渔夫是如何钓到大鱼的。渔夫得意地说："这当然需要一些技巧。当我发现它时，我就决心要钓到它。但刚开始，因鱼饵太小，它根本不理我。于是，我就把鱼饵换成一只小乳猪，没想到这方法果然奏效，没一会儿，大鱼就上钩了。"

书生听后，感叹地说："鱼啊，鱼啊，塘里小鱼小虾这么多，让你一辈子都吃不完，你却禁不住诱惑，偏要去吃渔夫送上门的大饵，可说是因贪欲而死啊！"

欲望与生俱来。生命开始之时，欲望随之诞生。饿了要吃饭，冷了要穿衣，这是人的本能。仅从生命科学而言，人类绵延生息不绝，可以说欲望是生命的动力。生命停止，欲望则消失。同时，人的欲望的满足，又是生命消耗的过程。

从某种意义上讲，有效地节制欲望，是构建和升华生命，延伸和拓展生命长度的必由之路。

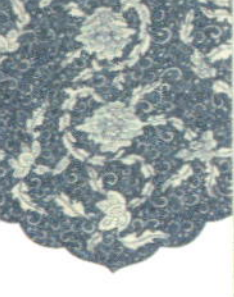

第二十六章

重为轻根，静为躁君[①]，是以君子[②]终日行不离辎重[③]。虽有荣观[④]，燕处[⑤]超然。奈何万乘之主[⑥]，而以身轻天下[⑦]？轻则失根[⑧]，躁则失君。

注释

①躁君："躁"，动。"君"，主宰。

②君子：指理想之主。

③辎（zī）重：军用器械、粮草、营帐、服装等的统称。

④荣观："荣"，华美之居。"观"，观览之乐。这里指华丽的生活。

⑤燕处："燕"，安。安居之地，安然处之。

⑥万乘之主："万乘"，拥有兵车万辆的大国。这里指大国的君主。

⑦以身轻天下：治天下而轻视自己的生命。

⑧轻则失根：轻浮纵欲，则丧失根本。

译文

厚重是轻率的根本，沉静是浮躁的主宰。因此君子终日行走，不离开载装行李的车辆，虽然有华美之居和观览之乐，却能安然处之，从不沉溺其中。那为什么大国的君主，还要轻率躁动地治理天下呢？轻率就会失去根本，急躁就会丧失主宰。

解读

一切事物都有两个不同的方面，如果把一件事表示为一个箭头，就必然有两个不同的端点。人做事情要懂得尽量不要去走极端，而要尽量

去找到其平衡点，也就是要守持“中庸之道”。人在看到“荣”时，要能超越这个“荣”而看到其对立面“辱”，在处于好的状态时，要能超越这个好的状态而看到不好的状态，并避免进入不好的状态。谨慎地守持“中庸之道”，对任何人都是适用的，即使是对帝王将相来说也一样适用。

就一身而言，魂为一身之主，身重魂轻；就一国而言，君为一国之主，则民重君轻。既然民重君轻，万乘之主为什么重自身而轻天下人民呢？这是老子对不道帝王们的斥责。帝王不道必然失去民心，失去民心，也就失去了帝王之本。失去民心，人民群众就会起来反抗（即“躁”），君主之位也就失去了，甚者还会丧生于人民。

本章阐明了老子的民重君轻思想。从治身之道过渡到治国之道，辩证地分析了重与轻、静与躁的关系，指明统治者应该以民为国家之根，以德为治国之本。失去了根本，也就失去了自己。这是老子对统治者的正告。

第二十七章

善行无辙迹[1]，善言[2]无瑕谪[3]，善数[4]不用筹策[5]，善闭无关楗[6]而不可开，善结无绳约[7]而不可解。是以圣人常善救人，故无弃人；常善救物，故无弃物，是谓袭明[8]。故善人者，不善人之师；不善人者，善人之资[9]。不贵其师，不爱其资，虽智大迷，是谓要妙[10]。

注释

①辙迹：轨迹，行车时车轮留下的痕迹。

②善言：指善于采用不言之教。

③瑕（xiá）谪（zhé）：过失、缺点、毛病。

④数：计算。

⑤筹策：古代用竹制的计数的器具。

⑥关楗（jiàn）：门闩。古代家户里的门上的开关。

⑦绳约："约"，指用绳捆物。用绳子捆起来。

⑧袭明：内藏智慧聪明。袭，覆盖之意。

⑨资：资用，教导的对象，即学生。

⑩要妙："妙"，通"眇"。精要玄妙，深远奥秘。

译文

善于行走的，不会留下足迹；善于言谈的，不会在言语上留下任何破绽；善于计算的，不用筹码；善于闭守的，没有门闩却不可开；善于捆绑的，不用绳索而使人解不开。因此，圣人善于经常援助他人，所以没有被遗弃的人；经常善于物尽其用，所以没有被废弃的物品。这就叫作

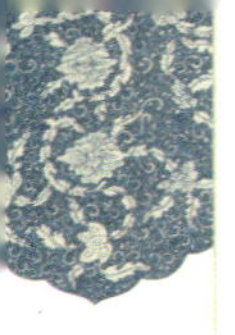

内藏的智慧。所以善人可以做恶人的老师，恶人可以是善人的学生。不尊重他的老师，不爱护他的学生，虽然自以为绝顶聪明，其实也不过是个大糊涂。这就是精深微妙的道理。

解读

本章表现了老子尊师重教的思想。

“道德”是宇宙永不变更的本质规律，贯串于宇宙整个过程的始终，所以掌握了宇宙的“道德”本质，就能够站在不变的立场上分辨出千千万万的变化。道的世界是万物平等的天堂世界，同样，现实世界也只有人人平等，知识、道德水平共同提高，才能实现人间的大同。

人是属于社会的，社会是大家的，少数人聪明不算聪明，只有全社会的文化道德水平共同提高，社会才能健康发展。所以教育对于治国很重要。

老子认为：做什么事情都有诀窍。懂得客观规律的人，办事不拖泥带水，不给别人带来不必要的麻烦。有文学修养、善于语言表达的人。在数学方面有造诣的人，有高尚的道德修养而不自我炫耀的人。有组织才能，善于团结别人的人。具有以上才能的人，可以为人师表。

【证解故事】

宋代温江人尹瞻，才思过人，以智慧闻名。他在本州任通判时，出巡州里，在江心遇到一棵大树。这棵树长得好生奇怪，自水底生出来，正立在江心，迎着湍急的河水竖着。尹瞻叫人停住船，在树边观察，问船工这树是怎么长在江心中的？船家回答，某年山洪暴发，卷下一棵大树来，正好江心有一大坑，树就立在那里了。树越长越大，成了江中一祸害，不少夜间行船的哪想到江心会有大树，撞在树上，不知一年要毁多少条船。尹瞻听罢，忙问：“那为何不除掉它？”船家回答：“除掉谈何容易？从水面上锯去，解决不了撞船问题。下水去锯，人怎可长时间

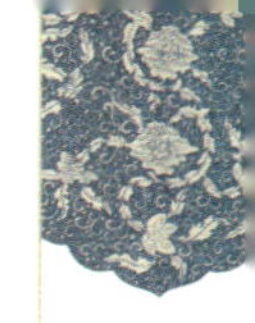

在水中呢？”尹瞻听罢，沉思良久，说：“我有办法了，请你下水去量一下这树在水下有多长。”船家应命跳下水去，上来报告说有 1.2 丈。尹瞻记下，回州衙去了。

第二天，他让工匠们做了一只无底大木桶，桶粗 1 丈，高 1.5 丈，让工匠们带木桶去除掉那棵江心大树。众船家久为江心树所苦，今听说尹通判来为大家除害，都自愿跟来帮忙。来到江边，尹瞻令几个船家把工匠们载到树边，从水面上锯下树头。然后把木桶套在树干周围，打入江心泥中一尺。而后，让人用工具从木桶中往外舀水。不一会儿，木桶中的水就舀没了。尹瞻让工匠们下到桶底，从容地贴着江底锯下那段树干，排除了这个撞船的祸根。

善于在不利的大环境中制造一个有利的小环境，是尹瞻这一奇点子的出发点。正是这样，才能转逆为顺，扭转整个时局。

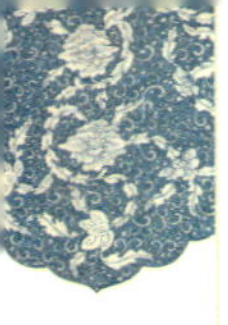

第二十八章

知其雄[①]，守其雌[②]，为天下谿[③]。为天下谿，常德不离。复归于婴儿[④]。知其白，（守其黑，为天下式[⑤]。为天下式，常德不忒[⑥]，复归于无极[⑦]。知其荣[⑧]，）守其辱[⑨]，为天下谷[⑩]。为天下谷，常德乃足，复归于朴[⑪]。朴散则为器[⑫]，圣人用之，则为官长[⑬]，故大制不割[⑭]。

注释

①雄：比喻刚劲、躁进、强大。

②雌：比喻柔静、软弱、谦下。

③谿（xī）：沟溪。

④婴儿：象征纯真、稚气。

⑤式：楷模、范式、模式。

⑥忒（tè）：过失、差错。

⑦无极：意为最终的真理。

⑧荣：荣誉，宠幸。

⑨辱：侮辱、羞辱。

⑩谷：深谷、峡谷，喻胸怀广阔。

⑪朴：朴素。指纯朴的原始状态。

⑫器：器物。指万事万物。

⑬官长："官"，管理的意思。"长"，首长、领导的意思。这里指百官之长，即君主。

⑭大制不割："制"，制作器物，引申为政治。"割"，伤害。此句意为完善的政治是不会伤害百姓的。

译文

深知什么是雄强，却安守雌柔的地位，甘愿做天下的溪涧。作为天下的溪涧，永恒的德性就不会丧失，再回归到婴儿般单纯的状态。深知什么是明亮，（却甘守暗昧，愿做天下的范式。甘愿做天下的范式，永恒的德行就不会出差错，回复到不可穷极的真理。深知什么是荣耀，）却安守卑辱的地位，甘愿做天下的川谷。甘愿做天下的川谷，永恒的德性才得以充足，回复到自然本初的素朴纯真状态。真朴的道分散成宇宙万物，有道的人沿用真朴，则为百官之长，所以说，完善的制度是不会伤害百姓的。

解读

本章道雄雌、白黑、荣辱的对比，描述出宇宙的起源及其初始状态，展现老子的法治思想。

治国之法源于治身之法，社会法律合乎自然规律，才可以造就民众和社会风俗的淳朴。就治国而言，老子强调法的道合自然规律性。

人们都崇尚强者，所以法律应该保护弱者，为天下寻求平衡；为天下寻求平衡，法律就不会偏离大道，社会才会复归于自然、淳朴状态。

人们都向往光明，所以法律应该关注黑暗，为天下寻求真理；为天下寻求真理，法律就不会出现差错，从而使社会法则复归于大道。

人们都崇尚高贵，所以法律应当关注卑贱，为天下填平高贵与卑贱的鸿沟；为天下填平高贵与卑贱的鸿沟，法律才能具足道德，社会必复归于淳朴。

立法要以保护弱者为出发点，弱者得到保护，就能成为强者。法律必须是用来保护弱者的，只有为弱势群体撑起保护伞，法律才合乎自然法则，才有法律面前人人平等，社会上才没有以强欺弱现象。

法律的支撑点只有着眼于消除具体的社会罪恶，伸张正义，保护公民的权利和自由，才合乎大道。社会法律和自然法则没有偏差，光明的

大同世界才能实现。

强调人权、维护每个公民的平等、自由，而人类真正的平等、自由之法，只有通过每个人在追求心灵自由的自身实践过程中去感悟。

【证解故事】

俗话说，做日短，看日长。要考虑到将来的前程，设身处地地想，人生的福分就像银行里的存款，不能一下子就透支，应当好好珍惜，精打细算，方能细水长流。不因一时贪心毁坏将来的名声，抱着平常心，才是得乐的好办法。

商鞅，姓公孙，所以也叫卫鞅或公孙鞅。战国时期的卫国人，他原本在魏国宰相公叔痤手下任中庶子，帮助公叔痤掌管公族事务。因商鞅的才华受到公叔痤的欣赏，公叔痤曾建议魏惠王用商鞅为相，但魏惠王瞧不起商鞅，便没有答应；公叔痤死前又向魏王建议，魏王仍没有起用商鞅。

公叔痤死后，失去了靠山的商鞅便投奔到了秦国。通过宠臣景监的荐举，秦孝公多次同商鞅长谈，发现商鞅是个难得的治国奇才，便“以卫鞅为左庶长，卒定变法之令”。因为当时新兴地主阶级认为封建生产关系已经登上政治舞台，社会正处于新兴的封建制取代奴隶制的大变革时期，商鞅变法正好适应了社会变革的需要。所以秦孝公才看重商鞅，同时秦孝公也是一位奋发有为的君主，商鞅提出的一整套富国强兵的办法，也正是他所想的。

商鞅变法的主要内容是：废除井田制，从法律上确认封建土地所有制，“为田开阡陌封疆，而赋税平”。商鞅特别重视农业生产，鼓励垦荒以扩大耕地面积；建立按农、按战功授予官爵的新体制，以确立封建等级制度；废除奴隶制的分封制，普遍实行法治，主张刑无等级。

商鞅变法的内容基本都是促使社会发展的进步措施，当然会受到许多守旧“巨室”的反对。变法之初，专程赶到国都来“言初令之不便

者以千数”。甚至太子还带头犯法。为了使变法顺利实施，商鞅毫不留情，“刑其傅公子虔，黥其师公孙贾”，真正做到了“王子犯法与庶民同罪”。结果，新法实行十年，秦国便国富兵强，乡邑大治。最后，秦孝公成为战国霸主。

然而，正当商鞅在秦国功勋卓著的时候，他的心情却反而感到孤寂和迷惘，他自己也弄不懂为什么会这样。于是，商鞅便去请教一个名叫赵良的隐士。他对赵良说，秦国原本和戎狄相似，我通过移风易俗加以改除，让人们父子有序，男女有别。这咸阳都城，也由我一手建造，如今冀阙高耸，宫室成区。难道我的功劳赶不上从前的百里奚吗？百里奚是秦穆公时的名臣，现在商鞅和百里奚比，当然颇有一点委屈的情绪。

但是赵良却直率地说，百里奚刚受到信任时，就劝秦穆公请蹇叔出来做国相，自己则甘当副手；你却大权独揽，从来没有推荐过贤人。百里奚在位六七年，三次平定了晋国的内乱，又帮他们立了新君，天下人无不折服，老百姓安居乐业；而你呢，国人犯了轻罪，反而要用重罚，简直把人民当成了奴隶。百里奚出门从不乘车，热天连个伞盖也不打，很随便地和大家交谈，根本不要大队警卫保护；而你每次出外都是车马几十辆，卫兵一大群，前呼后拥，老百姓吓得唯恐躲闪不及。你的身边还得跟着无数的贴身保镖，没有这些，你就不敢挪动半步。百里奚死后，全国百姓无不落泪，就好像死了亲生父亲一样，小孩子不再歌唱，舂米的也不再喊着号子干活，这是人们自觉自愿地敬重他；你却一味杀罚，就连太子的老师都被你割了鼻子。一旦主公去世，我担心有不少人要起来收拾你，你还指望做秦国的第二个百里奚，这是非常可笑的。为你着想，不如及早交出商、於之地，退隐山野，说不定还能终老林泉。否则，你很快就要败亡。

后来的事不幸被赵良所言中，商鞅变法之所以能够成功，主要是他能够抑制上层保守派的反抗，例如刑及太子的老师。试想，太子犯法尚且不容宽恕，老百姓当然只有遵照执行了。但这同时，也就给商鞅埋

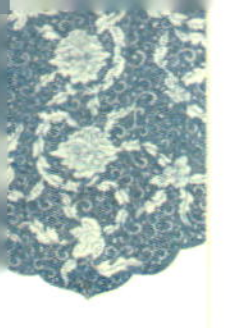

下了致命的败因。“商君相秦十年，宗室贵戚多怨望者。公子虔杜门不出已八年矣”。一旦有机可乘，上层保守派肯定会合而攻之。

秦孝公死后，太子继位，就是秦惠王，公子虔等人立即诬告“商君欲反”，并派人去逮捕商鞅。商鞅迫于无奈，最后只好回到自己的封地商邑，秦发兵攻打，商鞅被杀于渑池。秦惠王连死后的商鞅也不放过，把商鞅五马分尸外，还诛灭其整个家族。

所以，给自己留条后路，从多方面考虑事物发展的大势，无论是做什么都会有好处的。

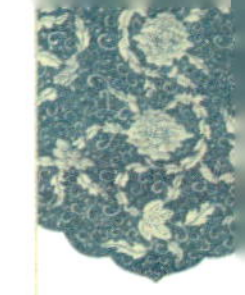

第二十九章

将欲取[①]天下而为[②]之，吾见其不得已[③]。天下神器[④]，不可为[⑤]也，不可执也。为者败之，执者失之。故物[⑥]或行或随[⑦]，或嘘或吹[⑧]，或强或羸[⑨]，或载或隳[⑩]。是以圣人去甚，去奢，去泰[⑪]。

注释

①取：为、治理。

②为：指有为，靠强力去做。

③不得已："已"，罢。得不到罢了。

④天下神器："天下"，指天下人。"神器"，神圣的物。

⑤为：掌握、执掌。

⑥物：指人，也指一切事物。

⑦随：跟随、顺从。

⑧吹：急吐气。

⑨羸：羸弱、虚弱。

⑩或载或隳（huī）："载"，安稳。"隳"，危险。有成就有毁坏。

⑪泰：极、太。

译文

想要用强制的办法治理天下，我看他不会达到目的。天下臣民是神圣的，不能够违背他们的意愿和本性而强行统治，用强力统治天下，就一定会失败；强力把持天下，就一定会失去天下。因此，圣人不妄为，所以不会失败；不把持，所以不会被抛弃。世人秉性不一，有前有后，有缓有急，有强有弱；有成就有毁坏。因此，圣人要除去那种极端的、奢侈的、过度的措施法度。

解读

本章以不道统治烘托圣人之治，表述了紧紧抓着“物”不放的方式是不可能“得道”的观点。

老子告诉人们，想要夺取国家权力而谋求个人利益的个人英雄主义者，是不会得逞的。这既是历史经验的总结，又是独具匠心的见解。因为国家是由万物之灵之称的人组成的社会组织，不可能让那些怀有个人野心的人去为所欲为。执掌了国家政权，不以天下为公，却以一人之心奴役天下人之心的，必然失去政权。凡是不“以百姓之心为心”的统治者，都必将以失败而告终。

“去甚，去奢，去泰”，是圣人治国的办法。

【证解故事】

春秋末年，燕国和晋国的军队一齐进攻齐国，齐国军队吃了败仗，丢失了一大片土地。齐国国君齐景公又派田穰苴为大将，派庄贾为监军，领兵去抗击敌人。临出发的头一天，田穰苴和庄贾约定，第二天中午在辕门外见面。说完他叫人在辕门外立了一根木头，以便观察木头投在太阳光下面的影子，看看两人是不是都能按时赶到。

第二天上午，田穰苴来到军营，整好队伍，等着庄贾。庄贾仗着齐景公的宠爱，骄傲自大，根本不把田穰苴放在眼里。

这天亲戚朋友给他送行，他只顾喝酒，把约定和田穰苴会面的时间给忘得干干净净。田穰苴一等再等，木头影子早已过了中午，庄贾还没来。田穰苴下令撤去木头，表示庄贾已经失了约，然后命令将士们做出发的准备。

天快黑的时候，庄贾来了。田穰苴问明情况以后，对庄贾说："作为一个带兵的将领，接受命令以后就该把个人的事忘掉，才能上阵杀敌。现在敌人就在家门口，国家这么危险，老百姓把生命财产都托付给了咱们，你怎么能只顾喝酒，把军队出发打仗的大事忘了呢？"说完，问军法官："按军法该判庄贾什么罪？"军法官回答说："过时不到，应当杀头！"庄贾一听害怕了，赶忙叫人去向齐景公求情。可是，还没等求情的人回来，田穰苴已经下令把庄贾杀了。过了一会儿，齐景公派来的使臣驾车冲进军营，要求免了庄贾的罪。田穰苴说："大将领兵打仗，国君错误的命令可以不听。"

接着又问："对闯进军营的人，应该怎么处治？"军法官说："应该杀头。"田穰苴说："国君派来的使臣是不能杀的。"他下令杀了使臣驾车的马。这一来，全军上下谁也不敢违抗他的命令，上了战场都拼命杀敌。燕晋两国军队打不过齐军，也害怕田穰苴，慌忙撤退。齐军把失去的大片土地全部收复了。

田穰苴严格按照规章制度，下令把庄贾杀了，从而凝聚了军心，得到大家的拥戴，最终打败了入侵的齐国大军，这不得不说是法治的力量。

第三十章

以道佐人主者，不以兵强天下，其事好还[①]。师之所处，荆棘生焉。大军之后，必有凶年[②]。善有果[③]而已，不敢[④]以取强[⑤]。果而勿矜，果而勿伐，果而勿骄。果而不得已，果而勿强。物壮[⑥]则老，是谓不道[⑦]，不道早已[⑧]。

注释

①还：报应、回报。

②凶年：荒年、灾年。

③善有果："果"，成功。指达到获胜的目的。

④不敢：帛书本为"毋以取强"。

⑤取强：逞强、好胜。

⑥壮：强壮。

⑦不道：不合乎于"道"。

⑧早已：早死、很快完结。

译文

依照"道"的原则辅佐君主的人，不靠军队逞强于天下。穷兵黩武这种事必然会得到报应。军队所到的地方，荆棘横生。大战之后，一定会出现荒年。善于用兵的人，只要达到用兵的目的也就可以了，并不以兵力强大而逞强好斗。即使达到了目的，也不因此自尊自大；即使达到了目的，也不因此夸耀；即使达到了目的，也不因此而骄傲；即使达到了目的，也认为是不得已而为之；即使达到了目的，也不逞强。事物过于强大就会

走向衰朽，这就说明它不符合于“道”，不符合于“道”的，就会很快走向败亡。

解读

本章是老子的军事思想和战争理论。

老子认为真正的用兵之道，取得了战果，不自尊自大，不自我炫耀，不骄横，这是因为战争是出于迫不得已，不可再用武力来逞强。这是真正的用兵之道，是保守战果的具体策略，体现的是仁慈之德。

以强凌弱，垂涎他人领土和财富是不道的行为，是野蛮的霸权行径，一定会遭到正义力量的反抗。战争是残酷的，不但会使受害国生灵涂炭、田地荒芜，而且也损失了本国大量的人力物力。战后的国力疲惫状况非一朝一夕所能复原。而国家由强变衰，以至于灭亡，都是统治者不懂得用兵之道，贪得无厌所导致的。

老子认为强兵的目的在于预防，在于维护和平，抵御邪恶，以确保国家和平发展，而不是用来侵略。若是自恃国强兵威去逞强黩武，大开杀

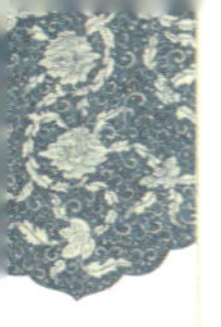

戒，则是不道行为，不道的结果必然是国家过早地衰亡。就一国而言，人民群众面对反动统治和阶级压迫，有反抗的权利和革命的自由。革命就需要战争，只有战争，才能解决矛盾，实现国泰民安之目的。至于国与国之间，则应感之以德，交之以道，从而实现共同的利益，切不可诉诸武力。

用兵之道是治国之道的重要组成部分。

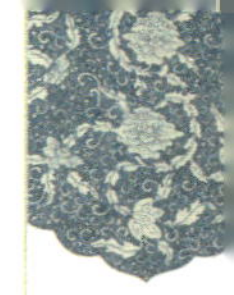

第三十一章

夫兵者[①]，不祥之器。物或恶之[②]，故有道者不处。君子居则贵左[③]，用兵则贵右。兵者不祥之器，非君子之器。不得已而用之，恬淡[④]为上，胜而不美。而美之者，是乐杀人。夫乐杀人者，则不可得志于天下矣。吉事尚左，凶事尚右。偏将军居左，上将军居右。言以丧礼处之。杀人之众，以哀悲[⑤]泣之。战胜以丧礼处之。

注释

①夫兵者："兵者"，指兵器。夫，作为发语词。

②物或恶之："物"，指人。意为人所厌恶、憎恶的东西。

③贵左：古人以左为阳以右为阴。阳生而阴杀。尚左、尚右、居左、居右都是古人的礼仪。

④恬淡："恬"，心神安适。此处意为安静、沉着。

⑤哀悲：一本作悲哀。

译文

精兵利器，是不祥的东西，人们都厌恶它，因此有道之人远离而不用。君子平时居处就以左边为贵，而用兵打仗时就以右边为贵。兵器是不祥的器具，不是有道君子所用的东西。不到迫不得已而使用它，最好淡然处之，胜利了也不要自鸣得意。如果自以为很了不起，那就是喜欢打仗杀人。凡是喜欢杀人的人，就不可能得志于天下。喜庆的事情以左边为上，凶丧的事情以右方为上，打仗时，兵权小的偏将军在左边，兵权大的上将军在右边。这就是用丧礼仪式来处理用兵打仗的事情。战争中

死伤众多，要用哀痛的心情参加，打了胜仗，也要以丧礼的仪式去对待战死的人。

解读

本章分三部分讲述用兵之道。

第一部分说明兵器是凶器，有道者不使用它们。越是性能优良的兵器，就越具有杀伤力。喜欢使用兵器的人，都是不知爱惜生命的人。有道之士爱人如己，所以不去使用。

第二部分说明修道之君子，用兵若无仁德，不可得志于天下。君子，是修道之士，古人以左为上位，以右为下位，所以平时占据位置贵左侧，用兵之时则贵右侧。战争是不吉祥的东西，不是君子该使用的措施。在迫不得已而用兵的时候，也要适可而止，喜欢打仗的人喜欢杀人，是不会得到天下人拥护的，也就不能实现自己的宏伟志向。

第三部分则强调了用兵的策略和心态。之所以把用兵之道当作凶事来对待，并采用相应的措施，目的是以慈悲为怀，尽量避免杀伤。这体现了用兵者的仁德。有仁德者，可以得志于天下。

【证解故事】

陈襄是北宋神宗时的一名官员，此人才学丰富、聪明能干，是位为官一任造福一方的贤良之辈。曾担任某县主簿，代理县令职务。

这一天，有人匆匆赶到县衙呈报：他家里昨夜遭到了偷窃，家财损失严重。陈襄问清案发的前后经过，初步认定为附近人所

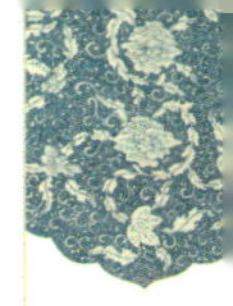

盗。所以，他没有派差役赴现场勘察，也没有拟定怀疑对象，而是发下令牌，将附近街弄游手好闲之人，犯有前科的小偷全部捕进衙内，予以审查。

形形色色的嫌犯们，男女老少、高矮胖瘦均有。他们一进大堂，便咋咋呼呼地嚷开了：有人高喊冤枉，有人满嘴骂娘，有人哭天喊地，还有哀求陈青天明鉴的……总之他们都显得理直气壮，都认为陈襄拘捕他们不对。

陈襄并不动怒，他平心静气地看着嫌犯们，温和地说："本官认为，盗贼就在你们其中，委屈你们来这里，也是不得已而为之。为了不冤枉好人，本官请你们做一件事。"嫌犯们你看我，我看你，大睁惊奇之眼，静听下去："附近有座庙，庙里有台大钟，它神奇无比，能明辨是非。做坏事者一摸它就会发出敲击声，没做的任怎样摸它，也不会出声。谁是此案的罪犯，一摸便知。"说完，陈襄让差役押着嫌犯们前往古庙。

到达大庙，陈襄吩咐差役在大殿上的香炉上置好香，他领着下属朝大钟三跪九拜，口中念念有词，一副虔诚求问的恭敬样子，令嫌犯们先憷了几分。祭祀完毕，他又叫人用帷幕将大钟严实地裹盖好，看起来像一帧硕大帷幕。当一切安排妥当后，陈襄命令道："现在你们依次进入帷幕摸钟！"众嫌犯们都被这阵势震住了，他们老老实实地一个个鱼贯而入，又一个个鱼贯而出。陈襄等最后一个出来后，喊道："好了！现在大家摊开手掌让我查验。"嫌犯们列队有秩序地从陈襄面前走了过去。这时，他指着一个矮胖子，怒喝道："来人呀！把这人抓起来，打入监牢听审！"矮胖子急切地叫喊："你冤枉好人，我摸钟时根本没有出声！凭什么说我是盗贼？"陈襄冷笑道："你偷了别人的东西，做贼心虚，害怕大钟出声，所以没去摸它！"矮胖子不服："我分明摸了！你在幕外我在幕里，怎么知道我没摸？"陈襄哈哈大笑："钟上涂有墨，别人摸了，手上都有墨迹，不信你看看？"

这矮胖子窥视了一下众人，见大家都举着手看，并一个劲地嚷自

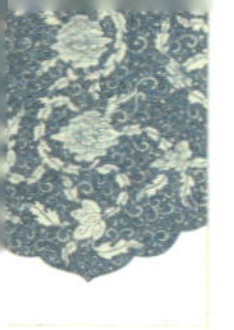

己有墨。他无奈地看着自己的手，才明白这是陈襄的圈套。其实钟根本不会响，自己怎么不摸它一下呢？胖子后悔得不得了，只好束手就擒，认罪伏法。

陈襄善用自己的计谋，使凶手自己露出了马脚，这就是聪明才智的作用所在。所以我们要从小培养自己的才干，把它们应用到身边的小事上，顺利地解决我们遇到的问题。

第三十二章

道常无名、朴[①]。虽小[②]，天下莫能臣[③]。侯王若能守之，万物将自宾[④]。天地相合，以降甘露，民莫之令而自均[⑤]。始制有名[⑥]，名亦既有，夫亦将知止，知止可以不殆[⑦]。譬道之在天下，犹川谷之于江海[⑧]。

注释

①无名、朴：这是指“道”的特征。

②小：用以形容“道”是隐而不可见的。

③莫能臣：“臣”，使之服从。这里是说没有人能臣服它。

④自宾：“宾”，服从。自将服从于“道”。

⑤自均：自然均匀。

⑥始制有名：“始”，指万物的开始。“名”，即名分，即官职的等级名称。意思是万物出现之后，才产生了各种名称。

⑦可以不殆：不殆，没有危险。

⑧犹川谷之于江海：“之于”，流入；一说正文应为“道之在天下，譬犹江海之与川谷”。

译文

“道”始终是无名而质朴的状态，虽然它小得无法分辨，可天下没有谁能使它臣服。如果侯王能够依照“道”的原则治理天下，百姓们就会自然地归顺。天地阴阳相交合，就会降下甘霖，人们不须指使命令它，它就能自然分布均匀。万物出现之后，就产生了各种名称。名分既然有了，就要有所制约，知道制约、适可而止，就没有什么危险了。“道”存在

于天下，就像江海，一切河川溪水都归流于它，使万物自然宾服。

解读

本章以治身之道印证治国之道，辩证地说明了道与法的关系。

法律是全民意志和利益的体现。所以社会法律必须是正义而神圣的。法律面前人人平等，任何人都不能居于法律之上。

法律制定之初，具有详细、具体的内容条款。通过宣传学习，人们就具备了法治观念。那些不能遵纪守法的人，就会受到法律的惩罚。但是，法律的制定，并不是以惩罚为目的，而是本着治病救人的原则去规范、约束人们的思想行为，从而减少犯罪，维护社会安定。立法是手段，止法才是目的，只有让法律和道德统一起来，并最终以道德代替法律，社会才会有真正的太平。止法的具体措施就是“行不言之教”。

一个国家的法律制度如果真正体现了人民的意愿，物质文明自然水到渠成。如果统治者能够真正依法治国，天下人民将自然顺服。

天下有道，法虽立而人无犯；天下无道，则“法令滋彰，盗贼多有”。这如同治水，立法是堵，修德是疏。堵与疏必须相结合，只堵不疏，堤坝必垮。

【证解故事】

东汉时期，吴祐在任新蔡县县令时，有人给他出了很多点子治理百姓，吴祐却无一采纳。他说：“现在不是措施不够，而是措施太多。每一任知县都强调己能，朝令夕改，百姓无所适从啊。”

于是，吴祐不仅不提出新的主张，而且废除了原有的许多不合理的规章。他召集百姓说：“我这人没有什么本事，凡事要依靠你们自己的努力，只要有利于发展生产的，你们尽可按照自己的方法去做，有什么困难可以随时来找我。”吴祐不干涉百姓的生产生活，又严命下属不

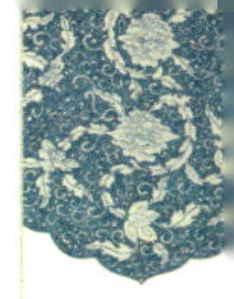

许骚扰百姓。闲暇的时候他整日在县衙中写字看书，过得十分清闲。有人将吴祐的作为报告给了知府，说他不务公事，偷懒放纵。知府就把他找来责问，吴祐解释说："新蔡县之所以贫穷困顿，是因为从前的县令约束太多，才造成今天这种局面。官府重在引导百姓，取得他们的信任，没有必要凡事躬亲，把一切权力都抓到自己手里。我这样做是想要调动他们的积极性，让百姓休养生息，进而达到求治的目的。我想不出一年，你就可以看到效果了。"

一年之后，新蔡县果然面貌一新，粮食产量有了大幅增长，社会治安也明显好转。知府到新蔡县巡视之后，对吴祐说："古人说无为而治，今日我是亲眼见到了。从前我错怪了你，想来真是惭愧。"吴祐的无为而治不是消极的，他是针对从前的弊端而制定的全新措施，是顺应了"道"的规律，看似无为，实则是内含道理的。之前的几任知县不顾这种道理，而想以自己的方式强加上去，结果使得原本可以运转正常的变得混乱了，结果也就导致了百姓的贫困。

汉惠帝即位的第二年，相国萧何病重。汉惠帝亲自去探望，问他将来谁来接替他合适。萧何不愿意发表意见。汉惠帝又问他："你看曹参怎么样？"萧何和曹参早年都是沛县的官吏，跟随汉高祖一起起兵。曹参虽然是身经百战，但是到了晚年却专修黄老之术（"黄老"就是指黄帝、老子），讲清静无为之道。平时与人无忤，与世无争，生活非常恬淡。虽然两个人关系一般，但是萧何知道曹参是个治国的人才，所以汉惠帝一提到他，他也表示赞成，说："陛下的主意错不了。有曹参接替，我死了也安心了。"

曹参本来是个将军，汉高祖封长子刘肥做齐王的时候，叫曹参做齐相。那时候，天下刚安定下来，曹参到了齐国，召集齐地的父老和儒生一百多人，问他们应该怎样治理百姓。这些人说了一些意见，但是各有各的说法，不知听取哪个才好。

后来，曹参打听到当地有一个挺有名望的隐士，叫盖公。便把他请了来，向他请教。这个盖公是相信黄老学说的，主张治理天下的人应

该清净无为，让老百姓过安定的生活。曹参依了盖公的话，尽可能不去打扰百姓。他做了九年齐相，齐国所属的七十多座城都比较安定。萧何一死，汉惠帝马上命令曹参进长安，接替萧何做相国。曹参还是用盖公清净无为的办法，一切按照萧何已经规定的章程办事，什么也不变动。有些大臣看曹参这种无所作为的样子，有点着急，也有的去找他，想帮他出点主意。但是他们一到曹参家里，曹参就请他们一起喝酒。要是有人在他跟前提起朝廷大事，他总是把话岔开，弄得别人没法开口。最后客人喝得醉醺醺地回去，想提的意见还都没说出来。汉惠帝看到曹相国这副样子，认为他是倚老卖老，心里很不高兴，也感觉挺不踏实。曹参的儿子曹窋，在皇宫里侍候惠帝。惠帝嘱咐他说："你回家的时候，找个机会问问你父亲，高祖归了天，皇上那么年轻，国家大事全靠相国来主持。可您天天喝酒，不管事，这么下去，怎么能够治理好天下呢？看你父亲怎么说。"曹窋回家把惠帝的话一五一十跟曹参说了一遍。曹参非常生气，他骂道："你这种毛孩子懂得个什么，国家大事也轮到你来啰唆。"说着，竟叫仆人拿板子来，把曹窋打了一顿。曹窋莫名其妙地受了责打，非常委屈，回宫后向汉惠帝诉说了此事。

第二天，曹参上朝的时候，惠帝就对他说："曹窋跟你说的话，是我叫他说的，你打他干什么？"曹参向惠帝请了罪，接着说："请问陛下，您跟高祖比，哪一个更英明？"汉惠帝说："那还用说，我怎么能比得上高皇帝。"曹参说："我跟萧相国比较，哪一个能干？"汉惠帝不禁微微一笑，说："好像你不如萧相国。"曹参说："陛下说的话都对。陛下不如高皇帝，我又不如萧相国。高皇帝和萧相国平定了天下，又给我们制订了一套规章。我们只要按照他们的规定继续办，不要失职就是了。"汉惠帝沉吟道："你说得也有道理。"曹参用他的黄老学说，做了三年相国。由于那时候正在长期战争的动乱之后，百姓需要安定，他那套办法没有给百姓增加更多的负担。因此，当时有人编了歌谣称赞萧何和曹参。历史上把这件事称为"萧规曹随"。

在现实生活中，我们常见到一些新上任的管理者，为了表现自己

的能力，并显示自己与前任不同，总是急急有所作为。但事实证明，这种急于求成不顾原本的运行规律的做法往往是欲速则不达的，其原因就是他们违背了无为而治的管理原则，想以个人的力量去使事物运转的规律臣服。

第三十三章

知人者智，自知者明。胜人者有力，自胜者强[1]。知足者富，强行[2]者有志。不失其所者久，死而不亡[3]者寿。

注释

①强：刚强、果决。

②强行：坚持不懈、持之以恒。

③死而不亡：身虽死而精神不亡。

译文

能了解、认识别人叫作智慧，能认识、了解自己才算聪明。能战胜别人是有力的，能战胜自己的人才算刚强。知道满足的人才是富有的人。坚持不懈、持之以恒的人就是有志之士。不丢失本分的人就能长久不衰，身虽死而精神不亡的人，才算真正的长寿。

解读

本章是老子对有道者的高度赞扬。

能够理解判断外人和外物的人，只能称其为拥有世间的庸俗智慧，而通过外事外物反观自己，从而悟出生命的

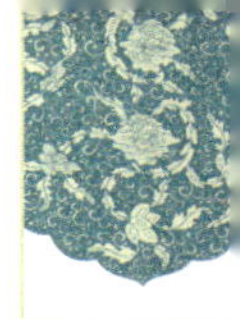

本来面目的人，才配称为有大智慧，也就是明者。

能够战胜自我的人，是具有天地之志者，具有这种意志的人，必定有战胜一切困难的力量源泉。拨云见日般地指出了人们在生活中经常失败的根源所在——不能胜己。

有着丰富内心世界的人，与道为伍，既有美妙的精神世界，又有充实愉快的现实生活，自然感到满足。相反，那些失去了心灵的人，内心是空荡、迷茫的，只能把心思寄托于外在的个人名利上。然而，没有心灵做依托的欲望，是永远不会满足的，这就是人生痛苦的根源。有着坚强意志的人，并不是为了自我名利而拼搏的人，而是心存大道、甘守真朴、无执无失、豪情满怀的人。这样的人的人生必然是欢快、幸福的。

人生的目的，无不是为了幸福、健康、长寿。人们追求幸福、健康、长寿，却忽视了心灵的自由，反而导致生命早夭。那些真正懂得热爱生命的人，始终关怀的是内在的心灵，因此却获得了相对长久的生命。更有一生为了人民的人，虽肉体死亡了，但他们的英灵永存，这样的人才是真正长寿的人，因为他们的英灵是属于人民的，人民永存，他们的英灵就永存。

人生应当自知、自胜、自强，才能实现天地之志，并与世长存。

第三十四章

大道氾[1]兮，其可左右。万物恃之以生而不辞[2]。功成而不有[3]，衣养[4]万物而不为主[5]。可名于小[6]；万物归焉而不为主，可名为大[7]。以其终不自为大，故能成其大。

注释

①氾（fàn）：通“泛”，广泛或泛滥。

②辞：言辞，称说。不辞，意为不说三道四，不推辞、不辞让。

③而不有：不自以为有功。

④衣养：一本作“衣被”，意为覆盖、遮蔽。

⑤不为主：不自以为主宰。

⑥小：渺小。

⑦大：伟大。

译文

大道广博无际，左右上下无所不至。万物靠它生长发展而不推辞，完成了功业而不据为己有。它养育万物而不认为自己是万物之主，可以称为“小”；万物归附而不自以为主宰，可以称为“大”。正因为它不妄自尊大，所以才能成就它的伟大。

解读

本章以大道之性印证圣人之德，论证了小与大的辩证关系。说明统治者只有不自高自大，甘守平凡，一切效法大道，才能够成就他的伟大。

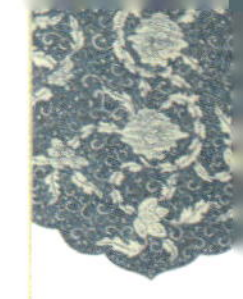

万物全部是从道中产生，万物在，那么大道就在，所以，大道充满宇宙，遍布天地，无处不有，无所不在。万物依赖它生长壮大，它却不推辞职责。万物健康成长，它却不认为自己有功。恩泽施加给万物却不做万物的主宰。万物的命运全靠自己来把握，顺道则生，违道则亡。人为万物之灵，应该发挥人类特有的能动性，去认识大道，更好地把握自己的命运。

道隐形匿迹，从不自我炫耀以求显赫和伟大，而是默默无闻。这可以说是形体的微小。也正因为守小、无欲，才得以永葆纯真；万物有成皆归功于大道，大道却不主宰万物，而是给万物以平等和自由。这种无私精神，可以说是形象的伟大。也正因为无私，才显示道性的伟大。这是宇宙万物和谐有序的根源。

圣人的伟大在于效法大道，甘守无为，永葆纯真，诚信有加，无私无欲，志在奉献，不图回报。总之，圣人以大道之性为德，才有了圣人的伟大。

【证解故事】

东汉明德马皇后（公元 39—79 年），是伏波将军马援的小女儿，扶风茂陵（今陕西兴平东南）人。

在马援死后，公元 52 年，年仅十三岁的小女儿被选入太子刘庄的宫中。刘庄是皇后阴丽华所生，深得光武帝的宠信。马氏入宫后，悉心侍奉阴皇后，一举一动都合乎封建礼法的要求，待人又和蔼可亲，与宫中上下都相处得十分融洽，因此深得阴皇后的喜爱。公元 57 年，光武帝刘秀去世，太子刘庄即帝位，即汉明帝，封她为贵人。公元 60 年，大臣们联名上奏，请立皇后。明帝去问阴丽华皇太后，太后说：“马贵人德冠后宫，即其人也。”

马氏当上皇后以后，依然保持勤奋、恭谨、俭朴的本色，衣服很朴素。

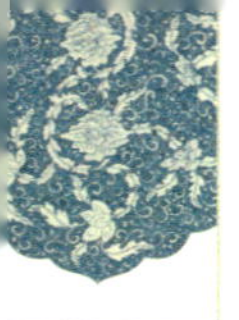

马皇后不仅为人恭谨朴素，悲天悯人，而且很有处理国家政务的才能。有时明帝在宫廷上遇到公卿大臣难以裁决的事，便回到后宫试着让马皇后解决。马皇后为他深入地分析事情原委，并提出解决方法，弥补了许多朝政上的缺陷，明帝也总是听从。马皇后虽然如此受到明帝的敬重，但却从未提及过自己的家事，也没有趁机为自己的亲属要求封赏。

马皇后是真正能够虚己的人，不因自己是皇后之尊而肆意妄为，而且还能够约束亲属，不让他们做出不合礼度的事情，这是非常难能可贵的。虚己处世，千万求功不可占尽，求名不可享尽，求利不可得尽，求事不可做尽。这样不居功自恃，才能成其大道。

第三十五章

执大象[①]，天下往；往而不害，安平泰[②]。乐与饵[③]，过客止。道之出口，淡乎其无味，视之不足见，听之不足闻，用之不足既[④]。

注释

①大象："象"，指道。"大象"即为大道。

②安平泰："安"，乃，则，于是。"泰"，平和、安宁的意思。

③乐与饵："饵"，精美的食物。意思是音乐和美食。

④既：穷尽，完。

译文

谁掌握了伟大的"道"，全天下的民众都会归顺于他。归顺、投靠他而不彼此伤害，于是大家就和平而安泰。动听的音乐和精美的食物，会使过客停下脚步。可是对"道"的表述却平淡无味，你想看它却看不见，你想听它却听不到，而它的作用，却是无穷无尽的。

解读

本章旨在说明，认识大道是认识世界和改造世界进而实现人生意义的根本，切不可舍本逐末，背离大道，被眼前一时的名利所诱惑。否则，将得不到心灵的自由，无法找到人生的归宿。

人的一生虽有几十年，乃至百年，但在历史的长河中，如同白驹过隙，稍纵即逝，就像匆匆过往的旅客，老子认为人生的真谛在于彻悟大道，所以告诫人们不要被眼前一时的名利所诱惑。只有彻悟大道的人，

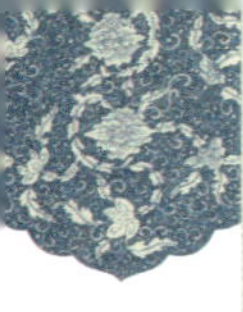

生命才有价值和意义。

圣人治国，“处无为之事，行不言之教”，营造了自然淳朴的社会风尚，天下有志之士自然就会慕道而来。对此，圣人没有国家和民族偏见，而是一视同仁。这样一来，社会就形成了各民族和睦相处的太平盛世景象。“安平泰”，是政治文明和道德文明高度统一的象征。

有形世界，无限风光。有形世界的万物，都因其独有的特性和具体的形象，让人可见、可听、可感、可嗅，因而可亲、可喜、可爱、可乐。道则不同。道是不为人的外观所感觉到的，若用语言来描述，实在是淡而无味。虽说用眼睛看不见，用耳朵听不到，但是，一旦获取大道，它的功用却是无穷无尽的。

【证解故事】

公元前202年冬，汉将韩信、英布、彭越等统大军30万，围追项羽于垓下。项羽兵少粮尽，与汉军交战又未能取胜，于是便退入营垒固守。

这时汉军和诸侯的大军把项羽的军营重重包围起来，项羽在晚上听到营垒外四面八方都哼唱着楚歌，就大惊道：“难道汉军已经全部得到楚国的土地了吗？为什么楚人这么多呀！”他连夜起身，在帐中饮酒，慷慨悲歌，泪下数行，侍卫也都低头流泪。项羽于是骑上他的名叫骓的骏马，部下壮士有800多人骑马相随，当夜即突围往南奔去。

天大亮时，汉军才发觉，便命令骑将灌婴率5000名骑兵追赶。项羽渡过淮河，身边的骑兵能跟得上他的仅剩100多人，到达阴陵后，项羽一行人马迷了路，就向一个农夫问路，农夫骗他说：“往左”。项羽等向左疾驶，不久却陷进了大沼泽地中，汉军因此追上了他们。项羽又领兵朝东逃去，到达东城，相随他的只有28个骑兵了，而这时汉骑兵追逐前来的有好几千人。项羽料想自己脱不了身，便对身旁的骑兵们说：“我从起兵到现在，已经8年了，身经70多次战斗，从未失败过，这才

霸有了天下，但是今天还是被困在这里，这是上天要灭亡我，并不是我用兵有过错啊！今天定要一决生死，我愿为你们痛快地打一仗，一定斩杀敌将、砍倒汉旗，连接三次全胜，让你们知道是天要亡我，而不是我用兵的过错。”随即把他的人马分为四队，向四个方面冲击。但此时汉军已将他们重重包围。项羽便对他的骑兵们说：“看我为你们杀他一员将领！”他命令骑士们从四面奔驰而下，约定在山的东边分三处会合。接着，项羽便大声呼喝着，策马飞奔而下，汉军随即都溃败散乱。项羽斩杀了一员汉将，这时，郎中骑杨喜追击项羽，项羽瞪着双眼大声叱骂他，杨喜人马都受到惊吓，竟退避了好几里地。

项羽便与他的骑兵们分三处相会合，汉军不知道项羽究竟在哪里，于是分兵三路，重又把他们包围了起来。项羽随即又开始奔驰冲杀，又斩杀了汉军的一名都尉，杀掉了汉军一百多人，重新聚拢了他的骑兵，查看一下，仅损失了两名骑士。项羽就对骑兵们说：“怎么样啊？”骑兵们都敬服地说：“正跟大王您所说的一样。”这时项羽已经到达乌江边上，乌江亭长把船停泊在岸边等着他，并对项羽说：“江东虽然狭小，但是土地方圆千里，民众有几十万人，也足够您用以称王的了，望大王您火速渡江！现在这一带只有我有船，汉军到来，将无船渡江。”项羽笑着说：“老天爷让我死，我还要渡江做什么呀！况且当年我与江东子弟8000人渡江西征，如今没有一个人跟着我归还，纵使江东父老怜爱我，仍然以我为王，我又有什么脸面去见他们啊！即便他们不说什么，我也无脸再见他们啊！”

于是项羽就把自己所骑的骏马骓送给亭长，命令骑兵们都下马步行，手持短兵器与汉军搏战。仅项羽一人就杀死汉军几百人，项羽自己也身受十多处伤。这时项羽回头看见汉军骑司马吕马童，就说：“你不是我的熟人吗？”吕马童面对着项羽，指给身边的中郎骑王翳说：“这就是项羽！”项羽接着说：“我听说汉王悬赏千金买我的头颅，得头颅者可分得享用万户赋税的封地，我就留给你一些恩德吧！”当即拔剑自杀，王翳随即取下项羽的头颅，其余的骑兵便相互践踏着争抢项羽的躯

体，急抢中互为残杀的有几十个人。到了最后，杨喜、吕马童和郎中吕胜、杨武各夺得项羽的一部分肢体。五个人把项羽的肢体拼凑到一起，都对得上，因此他们分得了享用万户赋税收入的封地，五人都被封为列侯。

楚地全部平定了，唯独鲁县仍不归降。汉王刘邦准备统领天下的兵马，去消灭它。大军抵达城下，城中礼乐弦诵的声音传到城外，由于鲁县是信守礼义的故国，遵奉为自己的君主尽忠守节的礼义，汉军便拿出项羽的头颅给鲁县人看，鲁县父老这才投降。汉王用安葬鲁公的礼仪把项羽葬在谷城，并亲自为项羽发丧举哀，哭了一阵后才离去。对项羽的家族亲属一律不加杀害，还把项伯等四人都封为列侯，赐他们姓刘，把过去被掳掠到楚国来的百姓们仍划归他们统治。楚汉垓下之战，刘邦、韩信灵活应用了十面埋伏、四面楚歌之计，终于使得力可拔山、豪气盖世的西楚霸王兵败自刎，从而奠定了大汉王朝四百余年的基业。

楚霸王一世霸业，全都毁于一役。如果他当初能忍一时之气，可能会东山再起，这就告诫人们，要能忍人之不能忍，才能成就大事业。

第三十六章

将欲歙[①]之，必固[②]张之；将欲弱之，必固强之；将欲废之，必固举之；将欲取[③]之，必固与[④]之；是谓微明[⑤]。柔弱胜刚强。鱼不可脱[⑥]于渊，国之利器不可以示人[⑦]。

注释

①歙（xī）：收敛。

②固：暂且，姑且。

③取：一本作“夺”。

④与：给，通“予”字。

⑤微明：隐微而显明。

⑥脱：离开、脱离。

⑦国之利器不可以示人：“利器”，指国家的刑法等政教制度。“示人”，给人看，向人炫耀。这句话的意思是国家的赏罚权谋不能轻易向人展示。

译文

想要收敛它，必先扩张它；想要削弱它，必先加强它；想要废弃它，必先抬举它；想要夺取它，必先给予它。这是一种微妙高明的道理。柔能胜刚。鱼要想生存就离不开池渊，国家的赏罚权谋不能轻易示人。

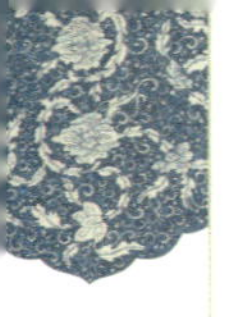

解读

本章讲述借物极必反的道理，教人以柔弱自处，回归大道的本源。

柔软的东西有一定的韧度，发展的余地较大。但是坚硬的东西，看起来似乎强大而刚直，但是他太过张扬外露，往往容易折断，而难以维持长久。事物在其发展规律变化过程中，当突破某一个极限，这时，该事物就会朝着相反的方向发展变化。所以在柔弱与刚强的对抗之中，柔能胜刚。

大道之所以伟大，是因为它平凡，它无形无声无为，但是又无处不在。它不用声色诱惑，不用名利引诱，不用武力威胁，一切都是自然而然的，却让人们不得不遵循它的原则。如果统治者能够掌握大道的根本，效法大道无为的做法，那么就能无所不为。如果人们能够过上安定富足的生活，也就会自然而然地归顺他。

【证解故事】

前秦皇帝苻坚刚上台时，做事谨慎，善于听取不同的意见。苻坚统一北方后，他变得自命不凡起来，他对大臣们说："我东征西伐，没有谁是我的对手。现在我准备征服晋国，一统天下，相信定会马到成功了。"

丞相王猛这时已死，他临终曾告诫苻坚不可伐晋。太子苻宏于是以王猛的遗言为由，劝谏苻坚说："从前王猛丞相主张不能对晋国用兵，是因为我国内部还不稳定，而晋国也无败亡之相。现在这种情况并没有太大的改变，父皇还是不出兵的好。"

苻坚说："我国正处盛时，这时候攻打晋国，不是最好的时机吗？现在国内大治，人心稳定，你说得一点也不对。"

对形势盲目乐观的苻坚决心开战，名僧道安急忙出来相劝。他说："皇上统一北方不久，人心并没有真正收附，许多不甘心失败者还蠢蠢欲动。现在皇上虽有百万大军，可有不少还是刚刚归顺的，他们的战斗

力并不强大。皇上应当看到这些不利情况，万不可为表面的强盛所迷惑啊！”

道安说的都是实情，但苻坚听了却感到分外刺耳。心有异志的鲜卑人慕容垂为了自己的打算，极力拥护，苻坚伐晋主张就这样轻率确定了。

事后，慕容垂对他的心腹说：“苻坚狂妄自大，他是被先前的胜利冲昏头脑了。我怂恿他伐晋，一旦天下大乱，我们鲜卑人就能趁机复国了。”

苻坚出征之前，仍有忠贞的大臣苦苦相劝，说：“皇上现在回头，也不为晚啊。要知晋国君臣合心，百姓安定，皇上无故出兵，他们一定会拼死反抗。而我军人员复杂，来源不一，有小的失败都可能引起大的波动。一旦出师不利，国家就有瓦解的危险，皇上不该不计利害啊！”

苻坚坚持用兵，结果正像劝谏者所预料的那样，前秦大败。不久，苻坚被杀，他的国家也灭亡了。

苻坚是个很有能力的君主，否则，他也不能统一北方了。他的失败是因为他太相信自己的能力了，看不到自身的骄狂，结果做出了十分错误的决策。

有能力的人能干大事，同样，有能力的人也最容易骄傲。骄傲可以使人过高地估量自己，进而在力不从心的事情上失败。

成功永远是相对的，在成功之时，危机并不是被永远消灭了，而是潜藏起来了。看不到这些隐患，高枕无忧地大肆行乐，隐患便会悄悄增长，直到有一天浮出水面。促使成功的奋斗精神和积极力量一旦消退，导致失败的各种要素就要强劲反弹，就会把成功化为乌有了。

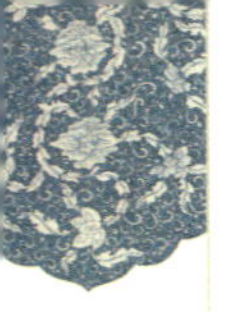

第三十七章

道常无为而无不为①，侯王若能守之②，万物将自化③。化而欲④作，吾将镇之以无名之朴⑤。无名之朴，夫亦将不欲。不欲以静，天下将自正⑥。

注释

①无为而无不为："无为"，指顺其自然，不妄为。"无不为"，是没有一件事是它做不到的。这句话的意思是顺应自然不妄为则无所不能为。

②守之：即守道。之，指道。

③自化：自己成长变化。

④欲：指私欲。

⑤无名之朴："无名"指"道"。"朴"形容"道"的真朴。

⑥自正：一本作"自定"。

译文

道永远是顺其自然而无所作为的，却又没有什么事情是他做不到的。侯王如果能按照"道"的原则为政治民，万事万物就会自己成长变化。自生自长而产生私欲时，我就要用"道"的质朴来整治它。用"道"的真朴来安定它，就不会产生私欲之心了，万事万物没有私欲而趋于平静，天下便自然而然走向稳定、安宁。

解读

本章是对道经的总结，中心议题是"无为而无不为"。

永恒的大道始终无为，但是因为它具有永恒的客观规律性，才孕育

化生出天地万物，取得无所不为的成果。

就治国而言，统治者若能因循大道，实行“无为之治”。随着国家法律的逐步完善，人民民主自由、国家繁荣富强自然能得以实现。在公平、正义的法治社会里，倘若有不法之徒危害社会，即可用神圣的法律来震慑他们。社会上没有了不法之徒，神圣的法律也就失去了作用。这就是说，法不害人而人自害。如果人人能够消除不道观念于“不言之教”之中，天下也就安定太平了。

大道无为，始终按自己的轨道运行，使得整个宇宙和谐有序；统治者无为，遵守合乎自然法则的社会法则，可使社会和平安定；自我无为，遵守合乎自然法则的人生法则，可使自我健康长寿。

大道之性体现了无私、无欲、无争、守柔、贵弱、谦恭、纯真、诚信、公平、正义、仁慈等特性，如果人人质朴信道，社会自然淳朴安定。

【证解故事】

晋国内乱，公子重耳逃亡列国，辗转流浪，最后在齐国安下身来。齐桓公择宗女齐姜嫁给了他，供奉无缺，朝夕欢宴，不知不觉度过了七年。

齐姜是一个有远见、识大体的女子，希望重耳回到晋国，重振国威，干一番轰轰烈烈的大事业。她见丈夫溺于享乐，儿女情长，英雄气短，早把复国一事丢置脑后，就与随从重耳逃亡的晋国大臣商议好，打算先好好规劝，让他回心转意。这一天，齐姜摆置了丰盛的酒宴，敬上一杯酒，神色庄重地对重耳说：“公子，诸位老臣跟随您流亡列国，历尽艰辛，您知道这是为什么吗？”“你说说看，他们追随我是为什么？”重耳从心里敬爱这位貌美又贤惠的妻子，很喜欢她的意见。“妾以为，他们是看重公子的贤名，盼望您有朝一日重振国威，共享富贵。可自从公子来到齐国，终日沉浸在卿卿我我的温情中，居然疏远了他们。妾能得到公子厚爱，平生之愿足矣。但因为妾而误了公子的复国大业，那可担

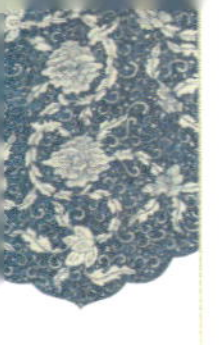

当不起了。我看，晋国局势已经发生了变化，您现在回去，正是时机！”

重耳饮着美酒，靠着齐姜的香肩，悠然惬意。但听完她一番婉转的规劝，却不由得怒气冲冲，几欲发作。“怎么，连齐国君臣都把我敬为上宾，你倒劝我再去过那颠沛流离的日子？”齐姜见重耳难以被言语打动，就满脸堆笑地陪着他饮酒，一杯接一杯地敬着，终于让他醉倒在温柔乡中。原来，她早已和狐偃定下计谋，如劝说无效，就设法把重耳灌醉，把他劫掠回晋国。重耳不知是计，酩酊大醉。齐姜就吩咐宫女用锦被把他裹起来，装上马车，交给狐偃等晋国的大臣。狐偃和众豪杰向齐姜拜辞，驱车连夜向晋国进发，齐姜望着远去的君臣一行，不觉流下了伤感的泪水。正所谓：“公子贪欢乐，佳人慕远行。要逞鸿鹄志，生割凤鸾情。”后来，重耳在狐偃等大臣的协助下，登上了王位，就是成为中原霸主的晋文公。他不忘齐姜，派使臣到齐国隆重地接至晋国。齐姜说：“妾非不恋夫妻之情，所以醉夫，正为了今天啊……”

齐姜深明大义，为了帮助晋文公重振晋国，毅然斩断了儿女情长，设计把重耳掠回晋国，晋文公敬她的贤德，立齐姜为中宫夫人。

第三十八章

上德不德[1]，是以有德；下德不失德[2]，是以无德[3]。上德无为而无以为[4]，下德无为而有以为[5]。上仁为之而无以为，上义为之而有以为。上礼为之而莫之应，则攘臂[6]而扔之。故失道而后德，失德而后仁，失仁而后义，失义而后礼。夫礼者，忠信之薄[7]，而乱之首[8]。前识者[9]，道之华[10]，而愚之始。是以大丈夫处其厚[11]，不居其薄[12]；处其实，不居其华。故去彼取此。

注释

①上德不德："不德"，不表现为形式上的"德"。此句意为，具备上德的人，因任自然，不表现为形式上的德。

②下德不失德："不失德"，即形式上不离开德。下德的人不失去仁义之类品德。

③无德：无法体现真正的德。

④上德无为而无以为：以，有心、故意。无以为，即无心作为。此句意为：上德之人顺应自然而无心作为。

⑤下德无为而有以为：此句与上句相对应，即下德之人顺其自然而有意作为。

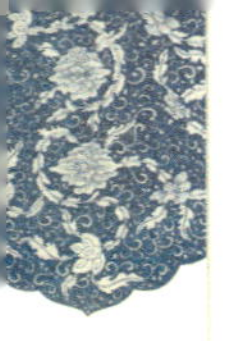

⑥攘（rǎng）臂：捋起衣袖露出手臂，形容其貌粗鲁。

⑦薄：不足、衰薄。

⑧首：开始、开端。

⑨前识者：先知先觉者，有先见之明者。

⑩华：虚华。

⑪处其厚：立身敦厚、朴实。

⑫薄：指礼之衰薄。

译文

具备“上德”的人不表现为外在的有德，因此实际上是有“德”；具备“下德”的人表现为外在的不离失德，因此实际是没有“德”的。“上德”之人顺应自然无所作为，“下德”之人顺应自然而有所作为。上仁的人有所作为却出于无意，上义的人有所作为且是有意为之。上礼的人有所施为而得不到回应，于是扬着胳膊，强迫别人服从他。所以，失去了“道”就会有“德”，失去了“德”就会有“仁”，失去了“仁”就会有“义”，失去了“义”就会有“礼”。“礼”的出现，标志着忠信的薄弱，而且还是祸乱的开端。所谓“先知”，不过是“道”的虚华表面，是愚昧的端始。因此，大丈夫立身敦厚，不居于浅薄；身处笃实，不居于虚华。所以要舍弃浅薄虚华而采取朴实敦厚。

解读

本章辩证地分析了道与德、仁、义、礼的关系。

在道、德、仁、义、礼这一组概念中，它们的关系是包含关系，即道包含德，德包含仁，仁包含义，义包含礼。道作为世界的本质、规律，是客观存在的，是真理。

一个真正觉悟了的人，其所作所为，总是遵循客观规律，从不盲从自我主观愿望，凭感情、意气用事，这样的人才是具有道德的、远见卓识的人。“上德”之人遵循客观规律，依法治国，所以能够取得无所不为的业绩。

和“上德”相对的是“下德”，“下德”的人是没有体悟道的、只认识了现象世界表面的意识、思想、观念的人，具有局限性和主观片面性。这样的人固执己见，不能放下自我主观意识，执着于事物的表面现象，所以，他还没有也不可能获得正确的思想意识。

人们失去道则德不正，在德不正的情况下强调仁、义、礼，仁、义、礼必然向其反面转化。失去了道，人们就会被事物的表面现象所迷惑，沦为以自我为中心的思想观念，外在的名利成为人生追求的目标。在名利的诱惑下，人的虚伪性、欺骗性、阴险性自然逐渐形成。

人类的正确意识“上德”只能靠识道来获得，来源于表面现象的意识“下德”是主观的、片面的。一个人如果执着于认识事物的表面现象，就永远无法获得真理。统治者如果崇尚人治，愚化人民，人类永远无法获得自由。

【证解故事】

春秋时期的鲁国，有个叫公父文伯的大夫。他的母亲叫敬姜，是一位很有见识的妇女。公父文伯年轻的时候，就做了大官。别人都夸奖他，他也非常得意。有一天，公父文伯办完公事，兴冲冲地回家拜见母亲。他一进家门，就看见母亲正在摇着纺车纺麻线。那操劳不息的样子，活像穷苦百姓家的老婆婆。公父文伯“哎呀”一声走向前去，低头对母亲说：“像我们这样做官的人家，主人还要摇车纺麻线，要是让人知道了，非笑话不可，还会怪我不孝敬、不侍奉母亲呢！”

敬姜听了，停下手里的活计，抬起头来，惊讶地上下打量了一番做了大官的儿子，摇摇头说：“你连怎么做人还不懂呢！让你这样幼稚无知的人做官，鲁国就有灭亡的危险啦！”公父文伯惊讶地问：“母亲，您为什么这样说？真有这样严重吗？”敬姜叫儿子坐在纺车对面，郑重地

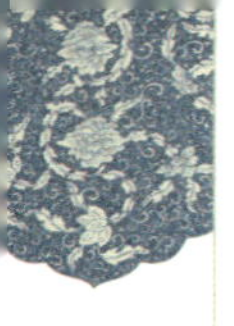

说："从前，圣明的君主，安置黎民百姓，常常要选择贫瘠的地方让他们去居住，让他们在那里生息。什么道理呢？那是因为大家为了生活，就得干活；为了生活得好，就得创造；要想创造，就得用心思考，思考就会产生智慧。反过来说，安逸享乐的生活，常常会使人放荡；放荡，就会忘记了好的德行；忘了好的德行，就必然产生坏心。"

公父文伯听得入了神儿，敬姜停了停，又继续说："你可以细心想一下，在土地肥美的地方往往有许多人不能成才，原因就是由于他们安逸放荡啊！在土地贫瘠的地方倒有许多聪明善良的人，原因就是他们的能吃苦耐劳啊……"敬姜问儿子："我希望你要天天勤勤恳恳地做事，要不断上进，培养好的德行，还多次提醒你'千万不能毁了前辈艰苦创下的功业'，你还记得吗？"公父文伯说："记得。"敬姜又说："那你现在为什么又认为当了官就要享乐了呢？依你这样的态度，去做君主委任的官职，怎么能不叫我忧心忡忡呢！我深怕你会因失职而犯罪啊！"公父文伯赶忙安慰母亲说："我一定听从母亲的教诲，不贪图享乐。可这跟您纺麻线有什么关系呀？"

敬姜有点不高兴地说："我看你做了官以后，整天显出得意的样子。不知约束自己，总喜欢讲排场，把先辈艰苦创业的事都忘了。动不动就说什么'怎么不自我享乐呢'。这样下去，早晚有一天，你会犯罪的！我正是为你担心，才起早贪黑地纺麻线，为的是不让你忘记过去，遇事能谦让勤俭。你懂了吗？"公父文伯红着脸说："懂了，母亲。"敬姜说："这就好。你不要因为少年得志，就贪图眼前享乐，否则将来犯了罪，自己倒霉不说，咱们家也要断了后哇！"

敬姜劝子的苦心，让公父文伯从心灵受到了震动，这种警钟也要在我们脑海里时时敲响，生于忧患，死于安乐，我们时时都要有忧患意识。

第三十九章

昔之得一[①]者，天得一以清，地得一以宁，神得一以灵[②]，谷得一以盈，万物得一以生，侯王得一以为天下正[③]。其致之也[④]，谓天无以清[⑤]，将恐裂，地无以宁，将恐废[⑥]，神无以灵，将恐歇[⑦]；谷无以盈，将恐竭[⑧]，万物无以生，将恐灭；侯王无以正[⑨]，将恐蹶[⑩]。故贵以贱为本，高以下为基。是以侯王自谓[⑪]孤、寡、不榖[⑫]。此非以贱为本邪？非乎？故至誉无誉。是故不欲琭琭[⑬]如玉，珞珞[⑭]如石。

注释

①得一：即得道。

②神得一以灵：神或指人。灵，灵性或灵妙。

③正：意为首领。

④其致之也：推广言之。

⑤天无以清：天离开道，就得不到清明。

⑥废：毁坏、荒废。

⑦歇：消失、绝灭、停止。

⑧竭：干涸、枯竭。

⑨正：一本作“高贵”，一本作“贞”。

⑩蹶（jué）：跌倒、失败、挫折。

⑪自谓：一本作“自称”。

⑫孤、寡、不榖（gǔ）：古代帝王自称为“孤”“寡人”“不榖”。不榖也作不毂，即不善的意思。

⑬琭琭（lù）：形容美玉的样子。

⑭珞珞（luò）：通“硌硌”，形容石块非常坚硬。

译文

古来得道之人：天得到道而清明，地得到道而安宁，神得到道而灵验，河谷得到道而充盈有生机，万物得到道而生长，侯王得到道而成为天下的首领。推究其理，天不得清明，恐怕要崩裂；地不得安宁，恐怕要毁坏；神不能保持灵性，将要休止；倘使山谷不能充盈有生机，恐怕就会枯竭；万物不能生长繁殖，恐怕要灭绝；侯王不能保持安定，恐怕要倾覆。所以尊贵以卑贱为根本，高以下为基础，因此侯王们自称为“孤”“寡”“不穀”，这不就是以低贱为根本吗？难道不是吗？所以最高的荣誉是无须赞誉的。因此，我不愿像晶莹剔透的美玉，只愿坚硬顽强如同山石。

解读

本章集中体现了老子的以道治国的思想。首先用对比的方法从正反两个方面说明朴治对于天、地、神、谷、万物、侯王的重要意义。而后又辩证地指出称寡道孤的统治者是不道的，所以他们的江山是不会永远存在的。

统治阶级不凭借道治，使政治清明，国家恐怕就会分裂；百姓不凭借道治使社会安宁，恐怕就会引发国家动荡；人们的精神不凭借道治得以慰藉，就会产生信仰危机；山川河流不凭借道治获得充盈，水利资源就会枯竭；万物不凭借道治来保护，可能就会被毁灭；侯王不自视清高而不以道治国，他的统治地位恐怕就会被推翻。

任何事情都是相辅相成、互相转化的。世间之所以有贵，是因为有贱为之衬托；之所以有高，是因为有下与之相对应。正如那些显赫的统治者们，他们的高，是骑在劳动人民头上的；他们的贵，是用劳动人民的血汗铸成的。其实，不道的帝王们也非常明白这些道理，所谓“水能载舟，亦能覆舟”，正是对历史经验的深刻总结。所以，他们用孤、寡、不谷来称呼自己，表明自己是以民为本，以民为基的。对此，老子认为以

民为本的统治者施行的是“无为之治”和“不言之教”，而不是在自己的称谓上做文章。他们称孤道寡，只不过是欺世盗名的手段而已，真正的目的还是为了维护其高贵的统治地位罢了。因此，他们的统治地位也就只能存在几代而已。

【证解故事】

战国时期，赵国北有林胡、楼烦、燕国，东有东胡，西临韩国，与秦国只隔一河。处在这样的形势之下，赵武灵王感到危机四伏，唯恐赵国日渐衰弱，决心要施行一些新的措施，以富国强兵。

那个时候，中原国家的人们穿的都是长袍大褂。这些衣服平时穿，倒也不觉得有什么不方便，可是穿它出征作战，就显得十分笨拙不便了。再有就是作战乘战车，打起仗来，很不灵活。而胡人就不同了，他们的衣服短小窄瘦，不论做事，还是出兵作战，都很方便。他们也不用战车，而是用灵活自如的战马，小巧有力的弓箭。

赵武灵王了解到胡服骑射的这些长处，就决定把它借鉴过来。为了使国民接受这些外来事物，他自己先做出了表率：上朝时，穿一身胡服；不再乘车，改骑战马。

朝中大臣都不能理解他的做法。他们认为中原地区人杰地灵，是尚贤教化、仁义施行之地，怎么能反过来向愚昧落后的胡人学习呢？于是纷纷表示反对，其中尤以公子成反对得最坚决。

公子成是赵武灵王的叔父，他见赵武灵王身穿胡服上朝，很气愤，第二天就借口生病不去上朝。赵武灵王知道公子成在群臣中的威望很高，除非先把他说服，否则，胡服骑射就难以在国内施行。于是，亲自去公子成府中看望他，对他说：“我们治理国家，一定要根据实际情况制定施政方针。只有这样，才有利于国家，有利于百姓。现在我国四面皆有危险，并且邻国有相当一部分具有很强的军事力量，他们身穿胡服、骑马射箭，在战场上占有很大优势。而我们如果还不改变现状，采

取有力的措施，那肯定会有被动挨打的一天。再说，根据不同情况采取不同的措施，这是我国先君一贯的做法，我们为什么就不能效仿他们呢？”

公子成听了赵武灵王所言，才知赵武灵王要实行胡服骑射的深远意义。他对自己的无知感到十分惭愧，向赵武灵王表示愿意支持胡服骑射的变革。

赵武灵王见说服了公子成，很是高兴。其他大臣见公子成都改变了主意，也便不再固守反对态度，纷纷请求赵武灵王下令在全国推行胡服骑射。

没过多久，全国上下，不论贫富贵贱，人人都穿起了胡服。经过亲身体验，大家都觉得胡服确实比以前的衣服方便。胡服因此而成为一种时兴的服装。同时，赵国的大队骑兵也训练成功了。

公元前 305 年，赵武灵王从魏国手中接管了中山国。以后收服了东胡和临近的几个部族。秦、韩、齐、楚等国纷纷与赵国建立了友好关系。

赵武灵王没有拘泥于长期形成的风俗制度，锐意革新，因而使赵国不断强盛起来。

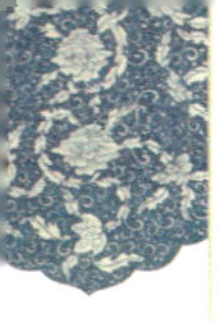

第四十章

反[①]者道之动；弱者[②]道之用。天下万物生于有[③]，有生于无[④]。

注释

①反：通“返”，循环往复。一说意为相反，对立面。

②弱者：柔弱、渺小。

③有：这里指道的有形质，与一章中“有名万物之母”中的有相同。但不是有无相生的“有”字。

④无：与一章中的“无名天地之始”的“无”相同。但不同于“有无相生”的“无”。此处的“无”指超现实世界的形上之道。

译文

循环往复的运动变化，是道的运动方式；道的作用是微妙、柔弱的。天下万物产生于看得见的有形质，有形质又产生于不可见的无形质。

解读

本章说明，要想实现天下大治，就必须充分利用弱者，推翻不道统治，走以道治国之路。

“反者”是人们认识客观规律、充分发挥能动作用的具体体现，向对立面转化的现象。反抗是就对立而言，是矛盾斗争的主要形式，目的在于解决矛盾，平衡矛盾，统一矛盾，取得向矛盾对立面的转化。

“反”是合乎道的、运动的，在这一运动中，弱者是起主要作用的因素。从社会发展的历史进程来说，“反”是社会最下层的劳动人民为推

翻反动统治阶级所进行的革命斗争。那些缺吃少穿，不堪忍受剥削和压迫，没有权利和自由的劳苦大众，忍受不了暴政，揭竿起义，推翻反动统治，是社会发展的必然规律。历史上的历次革命运动，广大人民群众都是革命的中坚力量。

浩瀚的宇宙之所以丰富多彩、生生不息、和谐有序，在于无形却至诚不移的自然规律在左右着宇宙。人类社会要想繁荣稳定，就必须制定出合乎自然规律的社会法则。老子指出“无”是万物之本，自然规律决定着天下万物的命运，所以，人类欲求“有”必先求“无”，否则，不管社会多么富有，必然最终遭受自然规律的惩罚，其结果是一无所有。

老子贵柔贵弱，一再强调柔弱者的作用，并非希望事物永远处于弱势，而是希望事物完成由弱到强的转化，共同统一到强上来。

第四十一章

上士闻道，勤而行之；中士闻道，若存若亡；下士闻道，大笑之，不笑不足以为道。故建言[①]有之：明道若昧，进道若退，夷道若纇[②]。上德若谷，大白若辱[③]，广德若不足；建德若偷[④]，质真若渝[⑤]。大方无隅[⑥]，大器晚成，大音希声，大象无形。道隐无名，夫唯道，善贷[⑦]且成。

注释

①建言：立言。有力的话。

②夷道若纇（lèi）：这里是互文结构。夷，平坦的意思；纇，不平、坎坷曲折的意思。

③辱：黑垢。

④建德若偷：刚健的德如同怠惰的样子。偷，懒惰。

⑤质真若渝：渝，变污浊。质朴纯真好像浑浊一样。

⑥大方无隅：最方整的东西却仿佛没有角。隅，角落、棱角。

⑦贷：施与的意思，引申为辅助之意。

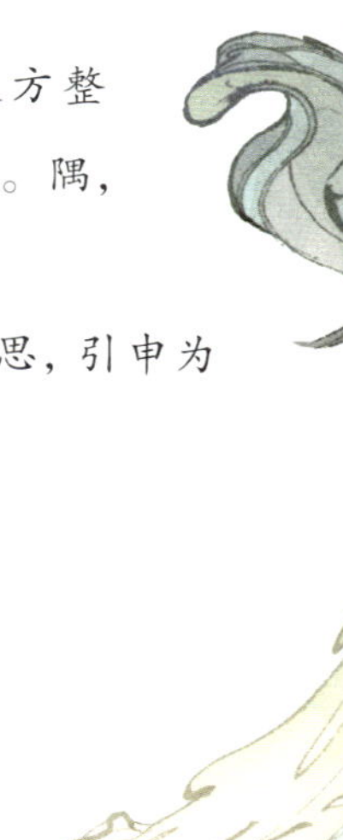

译文

上智的人听了道的理论，勤勉去实行；中智的人听了道的理论，将信将疑；下智的人听了道的理论，会大声嘲笑。不被嘲笑，就不足以为道了。因此，立言的人说过：光明的道好似很昏暗，前进的道看起来好似后退，平坦的道好似不平坦，崇高的德好似低沉的峡谷，最洁白的东西反而好像有污点；无所不包的德好像不足，刚健的德好似偷懒怠惰，质朴纯真却好像很混浊。最方正的东西仿佛没有棱角；贵重的器物总是最后制成；最大的声响，反而听来好像无声无息；最大的形象，反而没有具象。道幽隐而无名，无法形容。只有“道”，才能使万物善始善终。

解读

本章通过人们对道的不同认识，人们的世界观和方法论的不同，说明大道对于人生、社会的重要性。

“上士”是道性深厚的人，他们深知悟道的重要性，并对道的存在深信不疑且勤奋用功，这是有志者的作为。“中士”是道性若明若暗的人。他们对道的存在持半信半疑的态度，对识道缺乏信心，是不能战胜自我的人。“下士”是缺乏道性的人。他们的自我主观意识太强烈，固执己见，不能客观辩证地看待问题。他们嘲笑传道、修道的人来显示自己的聪明才智。他们嘲笑大概有两个方面的原因：一是大道太隐蔽，太深奥，是主观主义者永远不可能理解的。二是不能理解修道者所采取的修道方式及其观念、行为的变化上所得出的结论。

修道者明白了大道，获得了大智大慧，本该变得聪明，但从表面看来，不仅没有聪明反而显得愚昧了。其实这正是明道的结果和超越自我的象征。一个大彻大悟的人，不再主观臆断、感情用事，不再为名利所羁绊，品德纯正，没有半点虚伪，处处、时时顺自然规律行事，就像社会上那些甘做好事的人。这在“下士”看来，不贪图享受，不及时行乐，不

为自己着想，不是愚昧吗？其实他们正是具有纯真之德的人。

以大道为中心的人和以自我为中心的人世界观不同。以自我为中心的人贪名图利、损人利己、骄傲自满。有道之人舍己为人，消除私欲，扬弃自我，提升人格有名利可图而不贪；虚怀若谷，对自己乐于助人的行为，不认为有功德，而是以平常之心，顺其自然；但行好事，不求人知；真切地感到自我的渺小和智慧的不足，不断进取。这在“下士”看来，不是有毛病吗？

本质规律潜藏无名世界。世界的本质规律只有借助真我去把握，自我是无法直接认识的。也只有大道才能带来人生的大智大慧，用以成就天地之志。

【证解故事】

有人说，真正清楚明白的“道”在愚昧的人看起来似乎是晦暗不清的；最高畅通无阻的“道”在愚昧的人看来却是最闭锁不通的；最宽阔平坦的“道”在愚昧的人看来却是最崎岖坎坷的。

明白了大道就抛弃了小聪明，在只有着小聪明的人眼中看来反而是糊涂了；走上了歧途还以为自己是走在正道上，那是因为从未真正体会到正道的存在，或者说从来就没接触到过那个境界的边缘。最完美的美德就是虚怀若谷，只有这样才能归纳百川，然而人们往往并不这样认为，他们只要有一杯水就以为自己得了大智慧，只要有了一块石头就以为自己拥有了天下。

在这种情况下，人们往往走不出自己的路，前途在他们眼中迷迷茫茫，歧途甚多，有时候循着自然大道才走了没多久，被旁边的小聪明的人说上几句，就以为自己走错了路，慌慌张张地改道而行，殊不知这才是歧路。

因为看起来通往“道”的路是如此崎岖不平，而且晦暗不清，所以人们觉得走这种路是太艰险了，可是风光往往只有在险峰上才可以

领略。

北宋真宗时，契丹人入侵宋国，告急的文书连连发到朝廷，却都被宰相寇准给扣下了，不让真宗皇帝知道。

真宗在别处听说这个消息，非常着急，就向寇准问讯。寇准说："大敌当前，如果没有拼死的决心，任何妙计都是无用的。我请求皇上御驾亲征，为将士们击鼓打气。"

真宗害怕了，说："我贵为天子，怎么能以身犯险呢？除非你能保证我的绝对安全，否则就是对我不忠了。"

寇准说："如今敌军气势正盛，我军连连失地，这种局面必须改变了。皇上虽然冒些凶险，但只有这样才能鼓舞将士们的士气，挽回颓势。我想敌军万万预想不到皇上会亲自上阵，他们一定会十分恐慌的。"

真宗被寇准劝服，勉强出征。走到南城的时候，随行的大臣又劝真宗回去，他们说："契丹的兵力强大，皇上为什么要和他们硬拼呢？不如迁都到南方，以后再作打算。"

寇准舌战群臣，坚持请真宗到澶州督战。他说："成就大业，就不能回避风险，以求安稳。现在契丹势在灭我大宋，我们如果退让，那么就会一败涂地不可收拾。"

真宗犹豫不决，寇准于是把负责军事的武将高琼找来，对他说："国家危难，皇上决心难下，还请你去劝谏皇上不要后退。如今人心不稳，这也是你们武将为国报效的时候了。"

高琼便去面见真宗，说："兵来将挡，水来土掩，这是很自然的事，皇上不该听信南迁的话。皇上带领我们杀敌，军心一定大振，我军一定会大胜的。"

有了武将的保证，真宗终于安心了一些，于是亲临澶州督战，全体将士奔走相告，士气大振。契丹人果然胆怯起来，不敢进攻了。

最后，双方签订了"澶渊之盟"，大宋北方的一些领土得到了保全。寇准力主真宗涉险亲征，这在大多数人眼里都是一条不可取的路，然而

正因如此才避免了宋朝亡国的命运。人们不愿冒险走自己认为是不清楚的路，这是因为他们不知道，有时候只有那些他们认为不安全的路才是真正合乎“道”的，是顺应事物发展趋势的正确之路。在这一点上，只有像寇准这样有远见的人才能坚持正确方向。

第四十二章

道生一[①]，一生二[②]，二生三[③]，三生万物。万物负阴而抱阳[④]，冲气以为和[⑤]。人之所恶，唯孤、寡、不穀，而王公以为称。故物或损之而益，或益之而损。人之所教，我亦教之。强梁者不得其死，吾将以为教父[⑥]。

注释

①一：老子用数字“一”以代替“道”这一概念，即“道”是绝对无偶、独一无二的。

②二：指阴气、阳气。“道”的本身包含着对立的阴阳两方面。对立着的双方都统一在“一”或“道”中。

③三：指由两个对立的方面相互作用所产生的第三者，进而生成万物。

④负阴而抱阳：也就是背阴而向阳。

⑤冲气以为和：阴阳二气互相冲突交和而成为均匀和谐的状态，从而形成新的统一体。冲，冲突、交融。

⑥教父：这里有根本和指导思想的意思。父，可解释为“本”或“规矩”。

译文

道是独一无二的统一体，道本身含有阴阳二气，阴阳二气相互作用而形成一种适匀的状态，万事万物在这种状态中产生。万物都是背阴而向阳，阴阳二气的互相交融激荡而成新的和谐体。人们所厌恶的是“孤”“寡”“不穀”，但君王却用这些字来自称。所以一切事物，想抑

制它反而得到增加；如果增加它反而得到减损。别人这样教导我，我也同样去教导别人。不遵守道的人死无其所，我把这句话当作施教的第一条。

解读

本章通过宇宙生成论揭示了宇宙的对立统一规律和矛盾的普遍规律。正告统治阶级不要为了既得利益而对劳动人民实行强权统治，强与弱是可以转化的。表达了对劳动人民的同情和推翻反动统治，还人民权力和自由的强烈愿望。

人们最痛苦的就是当孤儿、做寡妇、没有饭吃，而王公却用来作为自己的称号，表面看来，这些称呼损害了他的高贵形象。实际上却有利于树立他们的“明君”形象，是在昭示天下，他们时时刻刻心存弱者，为百姓的生活着想，其根本目的只是为了巩固自己的统治地位，获取更长久的既得利益罢了。但是统治者最大限度地满足了自己的利益，就会损害了劳动人民的利益。这是以辩证的观点对统治者的虚伪性和欺骗性的斥责。

“人之所教”是为了统治阶级的利益而施行的教化，教化的内容不外乎以强胜弱、以刚胜柔、弱肉强食、

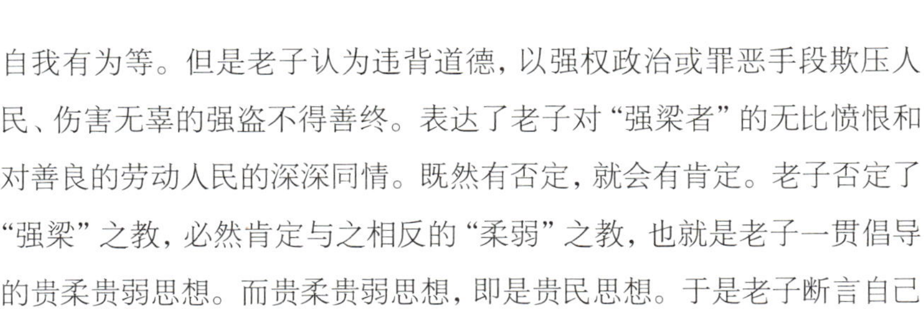

自我有为等。但是老子认为违背道德，以强权政治或罪恶手段欺压人民、伤害无辜的强盗不得善终。表达了老子对“强梁者”的无比愤恨和对善良的劳动人民的深深同情。既然有否定，就会有肯定。老子否定了“强梁”之教，必然肯定与之相反的“柔弱”之教，也就是老子一贯倡导的贵柔贵弱思想。而贵柔贵弱思想，即是贵民思想。于是老子断言自己将成为贵民教育开端的人。

第四十三章

天下之至柔，驰骋[①]天下之至坚。无有入无间[②]，吾是以知无为之有益。不言之教，无为之益，天下希[③]及之。

注释

①驰骋：本来指马奔跑的样子。此处引申为驾驭。

②无有入无间：无形的力量能够穿透没有间隙的东西。无有，空虚无形。

③希：稀少。

译文

世间最柔弱的东西，腾越穿行于最坚硬的事物中；无形的力量可以进入没有间隙的东西。我因此知道了“无为”的益处。“不言”的教导，“无为”的益处，天下恐怕很少有能赶上它的了。

解读

在本章，老子充分肯定了劳动人民的智慧和力量。只有人民群众真正觉悟，才能把握自己的命运，获得幸福和自由。

天下最柔和的莫过于气，天清地宁之时，谁也看不到它的存在，谁也不在乎它的作用，它却始终默默无闻地发挥着柔和者的本能。当天昏地暗之时，它一改往日的沉默和柔和，飞旋怒吼，直冲云霄，以震天撼地之势，折枝断本，甚至于连根拔起；天下最软弱的莫过于水，风平浪静之时，它行走山谷，居低就洼，任人利用。没有人去爱惜它，也没有人去保

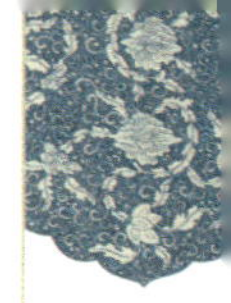

护它。它始终自然无争地发挥着软弱者的本能。当暴风雨到来之时，它一改往日的平静和软弱，奔腾咆哮，一泻千里，以排山倒海之势，冲基倒厦，刷新世界。

水和气是再柔弱不过的了，但是，当它们驰骋天下，摧枯拉朽，涤荡污垢的时候，却充分显示了无与伦比的巨大威力。如果说“驰骋天下之至坚”显示了柔弱者的外在威力，而“无有入无间”则显示了柔弱者的内在威力。水和气无坚不摧，无孔不入，从这里我们才真正认识了柔弱者的巨大力量和作用，明白了“无为之治”即民主法治的好处。这是老子贵民思想的基础。

【证解故事】

春秋末期，吴国与越国因解不开的世仇，兵戎相见。最终，越军战败，越王勾践只能屈辱地去吴国，为吴王夫差当马车夫。因为勾践毕恭毕敬地伺候吴王，于是三年后，他被吴王放回越国。勾践立志复仇雪国耻，所以，他摒弃了一切可能消磨志气的舒适生活，晚上就卧睡在柴草上，吃饭前必先尝尝苦极的苦胆，即所谓“卧薪尝胆”。

在国内，勾践狠抓了衣食的生产和兵马的操练，对吴国，勾践则不断给吴王送美人和极好的木料，以消磨吴王的斗志，并促使他大兴土木，招致民怨沸腾。勾践还设计离间吴国的君臣。如此经过九年的精心准备，越军终于打败了吴军，最终逼得吴国向越军求和。又经九年，越王勾践亲自率军攻灭了吴国，走投无路的吴王夫差只能自杀了之，勾践成为春秋时期的新霸主。因为勾践深切地认识到了那些邪僻险诈的人情，走过了一段坎坷曲折的仕途后，当他从一国之王而变为吴王的马车夫时，无疑是从天堂堕入地狱。难能可贵的是，失败的勾践并没有气馁。于是，他以坚韧的耐性与耐心，充分调动了越国臣民的能耐与力量，终于反败为胜获得更大的新胜利。

想想，倘若勾践心中少了一个“耐”字，他如何能够不堕入荆棘陷

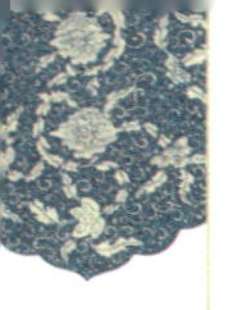

阱中？如何能够成为被对手打倒之后，仍能爬起来并最终打倒了对手的强者？所以，一个“耐”字融入人生的历程中，就是坚韧的耐性，是忍耐，是能耐，是恒心，也是毅力。

第四十四章

名与身孰亲？身与货孰多[①]？得与亡[②]孰病？甚爱必大费[③]，多藏必厚亡[④]。故知足不辱[⑤]，知止不殆，可以长久。

注释

①多：轻重的意思。

②亡：指丧失性命。

③甚爱必大费：过度爱名就必定要付出很大的耗费。

④厚亡：损失惨重。

⑤知足不辱：今本没有“故”字，据帛书补之。

译文

名声和生命相比哪一样更让人爱惜？生命和钱财比起来哪一样更为贵重？得到名利和丧失生命，哪一个更有害？过度爱名利就必然付出更多的代价；过于积敛财富，必定会损失惨重。所以，知道满足，就不会受到屈辱；适可而止，就不会遇见危亡；这样才可以长久保有。

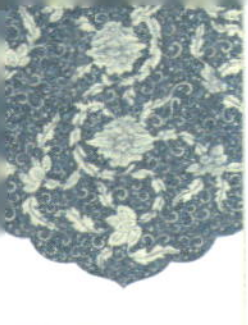

解读

本章中，老子用名利和生命做比较，意在说明生命重于名利。

生命重于名利这一道理虽然浅显易懂，但是世人总是不能正确处理身体和名利的关系。在常人看来，追求名利是人生的目的，为了名利，可以不顾及身体甚至生命。

执着于名利的，肯定会刻意求取，并为此而绞尽脑汁。投人所好，大献供品，阳奉阴违，奸诈机巧，不择手段，怎能不耗尽精神、费尽心机？积藏的东西越多，失去的就越多。而失去的不仅仅是财富，还包括人的精神、人格、尊严、品质等方面的损失。老子提出两点处理名利和生命的关系的方法，一为“知足”，也就是做事要能做到“恰到好处”；一为“知止”，也就是做事要能做到“适可而止”。

圣人之所以能够被褐怀玉，便是知足于内而知止于外的缘故。

平常人热爱生命，两眼只盯着名利，认为有了名利就有了一切，结果反为名利所害。反对名利，并不是放弃对物质文明的追求，而是反对贪得无厌，反对片面地以金钱来衡量人生价值的思想观念。正确热爱生命的方式应该是反求于朴，只有返璞归真，才能获取真正的人生幸福。

【证解故事】

唐朝李景让在浙西担任观察使期间，有一天军队内部群情激愤，气氛紧张，眼看就要发生事变。

李景让一筹莫展地叹着气，坐等事态的发展。这件事被他的母亲郑氏知道了，她走出内室一看，士兵们一个个瞪着眼睛，说话粗声粗气的，憋着一肚子的怨恨。她把一个士兵找到身边，友善地和他说话。士兵看着李母十分诚恳的样子，就告诉她士兵的情绪都是对着她儿子来的。

原来，李景让性格暴戾，不懂得爱护士兵，军中都有怨言。有一位牙将当面顶撞了他，李景让竟然命令卫士用刑杖将牙将活活打死。此

事激起公愤，还不知怎样收场呢。

郑氏在军中生活了多年，知道一旦发生兵变，不仅儿子的生命和前程丢了，而且还会给国家带来祸害。怎么办呢？事情都是自己的儿子乱打乱杀引起的，这账首先要算到李景让身上。她拿定主意，命人将儿子叫到庭前，当着诸位将士的面大声斥责道：“皇上把浙西托付给你，你理应把这块地方治理好。可是，你却滥杀无辜，激怒将士，万一由此发生动乱，你如何对得起朝廷和浙西的老百姓呢？”

李母越说越来火，禁不住声泪俱下：“你在任上发生了如此不光彩的事，叫我如何还有脸面活下去呢？你不是想活活气死我吗？这样不忠不孝的人，留着又有何用呢？”说毕，命人剥掉李景让的上衣，狠抽其背，直打得鲜血淋漓，伤痕累累。将士们看到李母这样责罚儿子，气消了大半，纷纷上前求情。最后，李母饶了儿子，军中的不满情绪也从此平息。

李母是一位爱护自己孩子的母亲，她通过打自己的孩子，来减少将士们对将军的不满，来免除儿子李景让的危机，同时也为儿子收买了军心，真是个了不起的策略。

第四十五章

大成[①]若缺，其用不弊；大盈若冲[②]，其用不穷。大直若屈[③]，大巧若拙，大辩若讷[④]。躁胜寒，静胜热，[⑤]清静为天下正[⑥]。

注释

①大成：最为完满的东西。

②冲：虚空的意思。

③屈：弯曲。

④讷（nè）：木讷，嘴笨。

⑤躁胜寒，静胜热：躁动可以御寒，安静可以耐热。

⑥正：通“政”，首领。

译文

最完美的东西，好似有缺陷一样，但它的作用永远不间断；最充盈的东西，好似有虚空，但是它的作用却无穷无尽。最直的东西好似有弯曲一样；最巧妙的东西，好似最笨拙的；最有辩才好似很木讷。疾动可以抵御严寒，安静可以克服酷热。清净无为才是统治天下的终极办法。

解读

本章通过有道者人格的伟大体现了道德学的巨大作用，并运用阴阳生克原理论证了治国策略。

有道德的人，虽然为人正直、内心玲珑剔透、擅长辩论，却从不自我炫耀，留给别人的印象是笨拙木讷。这体现了有道之人一切自我行为都

完全遵循客观规律，绝不盲从主观情感，妄作妄为。这正是圣人不争不显、虚怀若谷的无为之德。

老子提出用“清静”二字作为治国的指导思想。清净无为是圣人之治，就是施行“不言之教”和“无为之治”。无为之治可以发扬民主使政治清明，不言之教可以消除狂热、浮躁，使民心安宁。政通人和、人心思定，这才是人间正道。

【证解故事】

公元165年，汉桓帝时，长沙零陵等地盗贼蜂起，被平息后仍有盗贼卜阳、潘鸿等逃入深山潜伏，避实就虚地四处抢劫，蹂躏百姓，并勾结其他盗贼，声势颇大。

荆州刺史度尚，颇有胆略，招募本地的少数民族，悬赏进讨，大破贼众，连平三寨，获得珍宝无数。卜、潘二贼仍活跃于山林，据险固守，与官府对抗。

此时的军士都已得金银珍宝，毫无斗志了，为了继续追剿盗贼。度尚说：“卜阳、潘鸿为多年积贼，能战能守，现退据险地，不易驱除。我等军士经过几场激烈战斗，已相当疲劳，和盗贼相较，又是敌众我寡，一时不便轻进，我正征调各地兵马到来，并力围击，方可成功，在此期间，各军可以多多休息，还要随时习练武功，上山去打打猎，等到各地兵马齐集了，再大举进剿，岂不一劳永逸？”

众军士闻言，无不拍手称快，当即成群结队，四出游猎，每天捕获禽兽无数，充入庖厨，以供大嚼，可谓天天牙祭，晚晚夜宵。

度尚见军士们贪图享乐，很少顾及军营，便趁营内无人时，密派亲信，潜至各营放火，顷刻间，全营付之一炬。

黄昏时，众军士回营，无不触目惊心，叫苦连天，几座营盘都化为灰烬，各人平日获得的珍珠财宝都被烧得一干二净。大家涕泪交流，自悔自恨时，度尚说：“贼人如此可恶，竟敢乘机烧营，本官一时疏忽，定

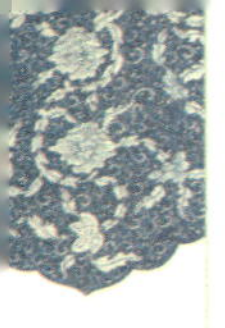

不辞其咎，血债要血偿，此次损失，向贼匪讨去。”最后，他又安慰军士：“卜、潘两贼所劫获之财货，足当数辈，其金银珠宝，堆积如山，只要我们奋力一战，便可全部取来，此次损失只是区区之数，不足挂齿，明天出发进剿便是了。保证马到成功，亦保证各人有更大收获，大家意见怎样？”

众军士整理行装，天刚亮就出发，飞抵贼寨。众贼毫无防备，被官兵如削瓜切菜一样，卜、潘二贼亦被乱刀杀死。因此荆州之乱迅即平息。

度尚放火烧掉了士兵所有的财宝，却激发了他们的斗志，获得了最后更大的胜利。我们应该佩服他这种敢于放手一搏的精神。

第四十六章

天下有道，却[1]走马以粪[2]；天下无道，戎马[3]生于郊[4]。咎[5]莫大于欲得，祸莫大于不知足。故知足之足，常足矣。

注释

①却：退回，撤销。

②走马以粪：用战马耕种田地。粪，播种。

③戎马：战马。

④生于郊：牝马生马崽于战地的郊外。

⑤咎（jiù）：错误。

译文

天下施行“道”的时候，就可以做到太平安定，把战马退还到田间用来耕种。治理天下不施行“道”，连怀胎的母马也被迫送上战场，在战场的郊外生下马崽。最大的过错是贪得的欲望，最大的灾祸就是不知足。因此知道到什么地步就该满足的，是永久的满足。

解读

老子认为，治理天下要合乎“道”，合乎道才能使天下太平。保持天下太平的方法就是知足，满足现状，不贪求什么。相反，发动侵略战争的人，就是由于不知足，贪心太重，他们攻城略地，扰害百姓，搞得世界不得安宁。本章警告当政者不可贪得无厌，切记清净无为，这是为社会的发展、民众的安定而考虑的，是值得肯定的。

【证解故事】

南北朝时期，东魏丞相叫高欢，他养了好几个儿子。

高欢平时对儿子们管教甚严，一心望子成龙。儿子们大都俯首帖耳，只要父亲有芝麻点儿的暗示，就纷纷踊跃去做。唯独一个名叫高洋的儿子，常常犟头倔脑，违抗父命，以致惹得高欢很不喜欢他。

一次，高欢想了一个点子，想考查一下儿子们的才智。儿子们赶来，齐刷刷列队站好，听候提问。“现在每人各发一把乱麻，谁整理得又快又好，谁就有奖。”说着，将乱麻分发到儿子手里。

“开始！”一声令下，孩子们个个全神贯注，清理起乱麻来。好难整理的乱麻啊！那黄澄澄的团团乱麻，好似给人践踏过的乱草窝，麻线纠结缠绕在一起，连找个头都要费上好半天时间。亏得孩子们有耐心，只见他们将乱麻一根根地抽出来，然后一根又一根地理齐。

只有高洋捧着乱麻既不抽头，也不理线。他想了一想，去内室找来一把锋利的小刀，三下两下把乱麻齐刷刷地斩断了。完事后，即向高欢大声报告道：“爸爸，乱麻已经清理好啦。”

高欢丢掉书本，离座前来验视。不看犹可，一看不由得勃然大怒道：“叫你理线，怎么都斩断了？”高洋脸不红，心不慌，坚定而有力地答道：“乱者必斩！”高欢先是一愣，即刻变嗔作喜，暗暗想道：“想不到此儿竟有执政的气魄！看来他将来必成大器！”想着，连忙宣布高洋获胜，予以奖赏。果然不出所料，高洋长大后成了一国之君，就是北齐的文宣帝。

“快刀斩乱麻”的创始者高洋年轻时就表现出大丈夫敢于破旧立新，手段强硬的作风，令人敬佩有加。

还有这样一个故事：

南朝梁代末年，战乱纷起，小偷强盗出没山林，路上极不太平。有一个叫梁艺的小军官，这天带着妻子骑驴出没山林小路。当走到芒砀山一带时，只见乱石峥嵘，荒草丛生。梁艺之妻说：“这个地方很凶险

呀，夫君还是赶快离开吧。”不料梁艺自恃身怀武艺，且又带着刀剑，哪里把妻子的话放在心上？他仰天大笑：“想我梁某，乃当今武艺高强之人，若碰见小小强盗，定一刀一个，结果他性命。”

谁知他笑声未落，山石乱丛中窜出一群强盗。他们把梁艺团团围住，混战起来。最后梁艺寡不敌众，被强盗乱刀砍死。强盗们砍死梁艺后，把他身上的钱财洗劫一空，又举刀向梁艺之妻围了过来。梁艺之妻强忍悲痛，拍手大笑地说：“众位好汉，你们杀得好啊。我是个良家妇女，被这个人强占，我正想逃走，苦于没有机会。今天你们杀了他，替我出了一口气，这是报应啊！”

强盗们以为她说的是真话，便放下了刀，又让梁妻把驴和行李收拾好，带着她向南走去。走到一个村子后，他们决定在这里吃饭休息。这时，梁妻从行李里拿出银钱，殷勤地说：“众位好汉们，前面不远有一酒店，我去买酒，请好汉们吃饭喝酒。”

强盗们见远处果然有一酒店，就让梁妻去了。谁知这个村子里有一支军队，军营就离酒店不远。梁妻来到了军营，就一直走进去，见了首领大哭起来。她一面哭，一面诉说自己丈夫被害的经过。

首领听了梁妻的诉说后，就让梁妻带着酒回去。待强盗们欢欢喜喜饮酒时，首领带着兵士们把强盗捉住捆绑起来。然后，把强盗送进州府，审出许多命案。后来，把强盗就地正法，斩首街头。

一弱女子面对蛮横的强盗，依然保持镇定，其坚强的性格同样可亲可敬。

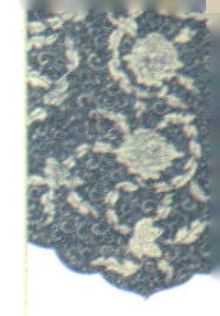

第四十七章

不出户，知天下；不窥牖[①]，见天道[②]。其出弥远，其知弥少。是以圣人不行而知，不见而明[③]，不为[④]而成。

注释

①牖（yǒu）：窗户。

②天道：日月星辰运行的自然规律。

③不见而明：不窥见而明白天道。

④不为：无为、不妄为的意思。

译文

不出门户，就能够推知天下事；不用往窗外望，就可以认识天道的规律。向外走得越远，所知道的道理就越少。所以，有“道”的圣人不出行就能知道事理，不窥见而能明了“天道”，无为而可以有所成就。

解读

本章讲述了圣人能够掌握天下大事发展情况的原因：得道。

圣人不出门、不看见、不作为，却能做到先知先觉、了解事物、懂得道理、有所成就，根本的原因在于他们达到道境，能够细心体察和感悟大道，而且顺道而行，推己及人，所以能够抓住事物运行的规律，然后自然无为，成功也是水到渠成。

但是这里所说的不出门、不看见、不作为，并不是要我们被动地等待，不劳而获，而是指认清自然规律，审时度势，伺机而动，避免无

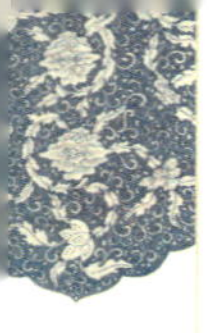

用功。

聪明人不仅善于观察，更善于利用已有的条件，更巧妙地解决问题，做到运筹帷幄之中，决胜千里之外，而不是骄傲自满、一味蛮干，做很多无用功。

【证解故事】

秦始皇死后，他的小儿子胡亥继承皇位，就是秦二世。二世荒淫无度，不问政事。为了使京城咸阳更美观，显示皇帝的威严，他竟下令把城墙油漆一遍。大臣们一见这道命令，先是目瞪口呆，转而都愤愤不平，可又不知怎么办才好。去劝谏二世吧，他蛮横暴虐，劝不好，反倒自找苦吃。不按他的话去办吧，二世知道了，也会有死罪。人们想来想去，想到了乐人优旃。优旃是个很幽默诙谐的人，善于用谈笑讲明道理，说动人心。大臣们把优旃找来商量，他笑笑说："等我去说几句。"优旃见了二世，直截了当地说："听说陛下下了一道命令，要油漆城墙？""我想把咸阳城变得更漂亮迷人。"二世说。优旃喜悦地说："妙极了！这真是个好主意。我打心眼里赞成。即使陛下不下这样的圣旨，我也要提出这样的建议。"二世笑眯着眼，直点头。

"漆城墙，虽然会给老百姓增加徭役和负担，然而可以使全城变得油光可鉴，光彩照人，好处可多了。我现在就急着想去把它油漆好。"优旃煞有介事地说，还拍手吟道："城墙漆得溜光光，敌人来了不能上；城墙漆得油荡荡，敌人一爬准粘上！"这时，二世觉得油漆城墙的理由更充足了。

"再说，把城墙油漆一遍也不是多么难办的事啊！"优旃说，他忽然又显出十分为难的样子，"只是油漆过的东西，不能暴晒，要阴干，那漆才牢固，不会脱落。上哪儿去找一所大屋子把城墙罩起来呢？"优旃看看二世，建议说："陛下，还是先建一座能把整个咸阳城罩起来的大屋子，而后再油漆城墙吧。"二世虽然霸道糊涂，但一听也笑了起来，

说："那就算了吧，不漆城墙了。"

优旃利用语言的技巧，正话反说，成功地劝说胡亥改变了初衷，免除了百姓的徭役和负担。

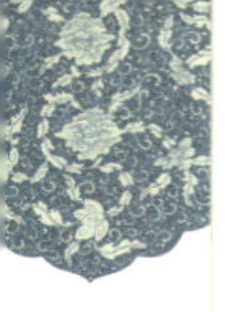

第四十八章

为学日益[①]，为道日损[②]。损之又损，以至于无为，无为而无不为[③]。取[④]天下常以无事[⑤]，及其有事，不足以取天下。

注释

①益：增加。

②损：指情欲文饰日渐泯损。

③无为而无不为：不妄为，就什么事情都可以做成。

④取：治理。

⑤无事：即无扰攘之事，无为。

译文

做学问，其知见可以一天天增加；求道，其智巧则一天天减少。减少又减少，到最后就到了“无为”的境地。如果能够做到无为，那么任何事情都可以有所作为。治理国家要经常以不骚扰人民为根本，如果经常以繁苛之政扰民，那就不能治理天下了。

解读

本章通过求学求道，讲述大道至简的道理。

科学技术能给我们带来实实在在的物质利益，解决现实的诸多实际问题。哲学能给我们带来精神文化和精神指导。去除复杂烦琐的修饰，真正对人类有益的学问才是真正的学问。

就治身而言，舍弃欲望，灵魂才能获得自由，心灵才能感到幸福，进入天人合一的境界。就治国而言，得到天下的目的自始至终都应当是为了百姓的平等和自由，统治者心诚于民，才可以取得天下。如果取天下的目的是霸占天下，奴役人民，用人民的血汗来成就自己以及子孙后代的荣华富贵，那么他就不具备取得天下的正确思想，即使取得了天下，也不会江山永固。从奴隶社会到封建社会，历朝统治者无不用事实说明了这一历史规律。

如果说“为学”涉及的是科学技术知识，是外在的学问，那么“为道”涉及的则是哲学，是追求内在智慧的学问。但是不管为学还是为道，都要去除繁杂的修饰，归于简洁无为。不妄为，事情才可以进入道的境界，获得大智大慧；不骚扰，才能治理好国家。

【证解故事】

战国后期，七雄争王，最后秦国渐强，向东蚕食，吓得关东六国联合起来，名曰“合纵”。六国合纵力量中，数楚国和齐国最为强大。楚国地邻秦国，所以秦王决定先从楚人身上下手，破坏“合纵”阵线，于是派大纵横家、丞相张仪前去楚国游说。

张仪见到楚怀王，说秦王愿与楚国结好联盟。怀王一听当然高兴，但又怕失去六国联盟，日后秦人翻脸进攻时没人帮助，正在犹豫，张仪又说：“为了表示结好的诚意，我们大王愿意献上商于之地六百里。”怀王一听，自然高兴，答应与秦结交。张仪见怀王上钩，又说：“不过，我们秦国历来与齐人有仇，大王若与我们联盟——”怀王为得那六百里地，忙说：“我们马上就与齐断交。”张仪拍掌大笑，说：“好，请大王这

就派人跟我回秦国去割地。”怀王大喜，忙派逢侯丑随张仪入秦。

来到咸阳（今陕西咸阳），张仪先在酒店设宴款待逢侯丑，约好明天即见秦王去割地。张仪送逢侯丑上车后，自己诈醉从车上摔下来，不省人事，手下人把他救回府去，逢侯丑只好住在驿馆中等张仪伤好后再同去见秦王。哪知张仪这一伤就是三月未好，怀王不时派人来催问消息，急得逢侯丑团团转，天天去张仪府上。张仪手下人只推说主人伤重卧房，不能见客。套住逢侯丑，张仪马上派奸细去齐都临淄（今山东临淄）广造舆论，说楚人已得了秦人好处，要与齐绝交。眼见得三月有余，逢侯丑再也等不及了，径自去见秦王，说出张仪割地之约。秦王已听了张仪计谋，说：“割地可以，但楚齐尚未断交，寡人怕受愚弄。”逢侯丑得此话，忙回信给怀王，说一旦楚齐绝交，马上可以割地，怀王即刻宣布与齐绝交。齐国舆论纷纷，齐缗王已在怀疑，几次派使者追问怀王，怀王都支支吾吾。今见楚国宣布断交，勃然大怒，派使者入秦，表示联盟之意。

张仪得此消息，便宣称伤好入朝议事。逢侯丑得信，在路上拦住张仪，说同去禀秦王以割地。张仪装作惊讶地说：“割地？问秦王干什么，我答应的是割我个人的封地六里，不用奏秦王的。”逢侯丑一听中计，气得忙回楚国报告去了。怀王一听大怒，发兵攻打秦国，结果吃了败仗，丢了汉中（今陕南川北一带），才又回过头来加入六国“合纵”。一年之后，张仪又派使者入楚，说秦楚修好，愿以商于地换楚之黔中。怀王余气未消，告诉使者：“若秦人把张仪送来，宁愿送上黔中之地。”张仪一听，自请入楚去换黔中之地。

一到楚都，怀王就把张仪囚了起来。哪知张仪早已派人收买了怀王宠臣靳尚。张仪被囚，靳尚便照张仪预先设计好的去找怀王宠姬郑袖，说：“秦人为救张仪，正打算送美女来楚交换。那时，夫人的位置便危险了。”郑袖生性嫉妒，忙问靳尚有什么办法阻止。靳尚说：“秦王送美女，无非是要换回张仪。若马上让张仪回国，秦国自然不用送美女来交换了。”郑袖听了，果然大吹枕边风，撒娇弄宠，非要怀王马上

送回张仪不可。怀王是软耳朵人，禁不住“枕风吹拂”，传令送张仪回国。秦人白得了黔中之地，更加强大了。张仪的连环外交之计，实属妙哉，成功地离间了六国合纵，又白得了黔中之地，自己毫发无伤，实乃大智慧。

这里又从另一个方面说明，人无远虑，必有近忧，只顾眼前的小利，有时会葬送大好的机会！

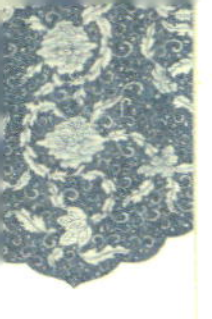

第四十九章

圣人常无心[①]，以百姓心为心。善者，吾善之；不善者，吾亦善之，德[②]善。信者，吾信之；不信者，吾亦信之，德信。圣人在天下，歙歙[③]焉，为天下浑其心[④]，百姓皆注其耳目，圣人皆孩之[⑤]。

注释

①常无心：也作“无常心”。意为长久保持无私心。

②德：假借为“得”。

③歙（xī）：吸气的意思。此处指收敛意欲。

④浑其心：使人心思化归于浑朴。

⑤圣人皆孩之：圣人像孩童一样看待他们。

译文

圣人长久时间没有私心，把百姓的心作为自己的心。对于善良的人，我善待于他；对不善的人也善待他，这样就可以使人人向善。对于守信的人，我信任他；对不守信的人，我也信任他，这样就可以使人人守信。圣人在其位，收敛自己的欲望，使天下人的心思变得纯朴。百姓们都追逐自己的欲望，有道的人使他们回到孩童一般的状态。

解读

本章集中体现了老子的民主立法、人人平等、言论自由以及民主监督思想。这些都是健全法治的主要保障。

人人平等，言论自由，是合乎道德的，是民主思想的主要标志。对

于那些有道德知识的人，要善意相待；对于那些没有道德知识的人，同样要善意相待，这是一种人人平等思想。对于那些知名度高的专家、学者，要诚恳地听取他们的意见和建议；对于没有社会地位的平民百姓，也要诚恳地听取他们的意见和建议。善于听取不同的声音，体现的是老子的“兼听则明，偏信则暗”的辩证思想，提倡的是言论自由。

圣人的修道治身，就会不停地探寻大道，修养自我，以待时机。圣人的行道治国，就会和百姓心连心，公而忘私。统治者对待政府官员要像家长对待自己的孩子一样严格要求，只有用不断完善的法律法规去制约他们，才是真正地关心和爱护他们。

【证解故事】

明朝时，安吉州有一位老吏，在审讯一盗贼时，别出心裁地请妓女出庭，巧妙地制服了盗贼，听来别有趣味。这天，州内一富裕人家办喜事，家中张灯结彩，亲朋满堂。这时，有一小偷趁热闹之际，偷偷溜进了新房，钻进床底，想等到天黑时偷窃新娘的首饰财物。由于这家人家大业大，前来贺喜的人络绎不绝，新房里一连三天灯火通明，小偷下不得手。苦挨了三天三夜的盗贼，饥渴难忍，趁新房里只有新郎新娘时，爬出床底拔腿就窜。“抓小偷啊！”新郎见有人从床下出来，大叫一声追了出去，新娘则吓得浑身颤抖。

院内站着一些帮忙的人，见一陌生男人鬼头鬼脑地窜出新房，又传出抓小偷的喊声，便立即扑将上去，擒住小偷捆了个结实，直接送到了官府。县令即刻升堂审讯：“盗贼是何许人也？”小偷镇静自若：“大人，我是医生不是贼。”

县令喝道：“既是医生为何躲到人家新房内？”小偷对答如流：“大人，那新娘患有特殊的妇女病，出嫁前求我跟随着她，以便随时医治。”县令不管怎么审问，小偷都能有根据地回答，而且对新娘家的事也说得头头是道。小偷见县令无可审问，心中暗想：幸亏在床底下憋了三天三

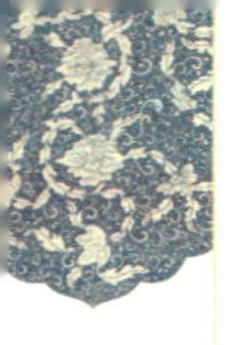

夜，新婚夫妇的私房话，这会儿全成了我的挡箭牌，真是天助我也！县令无奈，只得对原告说："被告到底是医生还是小偷，只有请新娘上堂作证了。"

新郎的父亲回家一说，新娘子死活不肯上堂作证，刚结婚就上堂打官司太失脸面了！况且那贼竟然在床底下躲了三天三夜，想到自己的言行都让贼知道了，她觉得无地自容。县令听说新娘不肯上堂，就问身边的一位老吏怎么办。

老吏早有一计，他说："新娘爱面子乃是人之常情。依我之见，那小偷不一定认识新娘，若请另外一位年轻的女子出庭作证，就有好戏可看了。"于是，按照老吏的吩咐，一位由妓女装扮成的新娘，款步来到了堂后。"现在新娘子来了，你敢和她对证吗？"县令指指妓女问。

小偷牙一咬说："敢！怎么不敢！"这时，老吏领着漂亮的"新娘"走进了后堂。小偷急步上前："新娘子，可是你叫我跟来治病的吧？为什么又让你婆家将我当成贼，送到衙门呢？现在，你要给我作证啊！"小偷忽然跪了下来。

"哈哈！"在场的人哄堂大笑，妓女装扮的新娘笑说："真正的新娘还在新房呢？不信你去看看？"小偷一时傻了眼，县令再一审问，便老实地认了罪。

故事看完了，令人捧腹，这就是变通的结果，既然新娘不肯出来作证，那么就换一个人，没有想到达到了更令人吃惊的效果。

第五十章

出生入死[1]。生之徒[2]，十有三[3]；死之徒[4]，十有三。人之生，动之于死地，[5]亦十有三。夫何故？以其生生之厚[6]。盖闻善摄生[7]者，陆行不遇兕[8]虎，入军不被甲兵[9]。兕无所投其角，虎无所用其爪，兵无所容其刃。夫何故？以其无死地[10]。

注释

①出生入死：出世为生，入地为死。

②生之徒：徒，类。即长寿的人。

③十有三：十分之三。

④死之徒：属于夭折的一类。

⑤人之生，动之于死地：人本来可以长生，却意外地走向死亡之路。

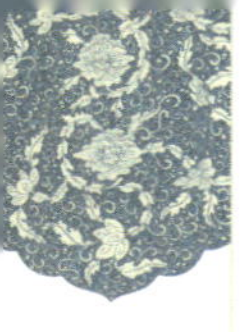

⑥生生之厚：由于求生的欲望太强，营养过剩，因而奉养过厚了。

⑦摄生：养生。

⑧兕（sì）：犀牛一类的动物。

⑨入军不被甲兵：战争中不被兵刃伤害。

⑩无死地：没有进入死亡范围。

译文

人的一生，始于出生，终于死亡。长寿的人有十分之三；短命的人有十分之三；人本来可以活得长久些，却自己走向死亡之路，也占十分之三。为什么会这样呢？因为奉养太过度，过于享受了。听说，善于养护自己生命的人，在陆地上行走，不会遇到犀牛和猛虎这样凶恶的野兽，在战争中不会受到武器的伤害。犀牛于其身没有地方投角，老虎对其身无处伸爪，武器对其身找不到锋刃刺击的地方。为什么会这样呢？因为他没有致命的漏洞。

解读

本章讲述了善摄生者不入死境的秘密，那就是，让自己的精神长存。

天地万物都是出生入死。人也一样，人生的过程，就是从生赴死的过程。但人生的意义不在于生命长短，而在于活的过程，在于生命的质量。善摄生者，不入死境。就是因为他宁静淡泊，清心寡欲，乐天知命，自然而生，坚守本性，无所谓生死，精神不死，所以也就不会死。

如果一个人看淡生死，安分守己地生活，做自己想做的能做的事情，不问结果，乐在其中，自然其乐无穷，生命也会在这种自在中获得充实、宁静、快乐和幸福。人生的意义就在这里。但如果一个人对物质享受过多，即使长寿也只能说是碌碌一生，而一个注重内在生活的人即使没有那么长的寿命，但他真诚地活过，燃烧过自己，照亮过别人，那么，他的一生就是值得的，他的精神就会与天地共存。

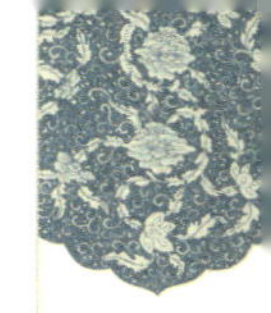

【证解故事】

汉高祖四年（公元前203年）十月，韩信攻下齐国历下，并一举占领了齐都临淄。

齐王田广慌忙赶到楚国向楚王项羽求救："霸王，您是各国盟主，现在敝国情况万分危急，您总不能见死不救吧！""你别把韩信吹得那样神乎，那位钻裤裆将军竟把你吓成了这般样子，真是活见鬼。"楚王虽然看不起韩信，但他还是委派了大将龙且率二万兵卒，前往与齐国联合抵抗韩信。楚将龙且亦是位有勇无谋的人，用兵往往只求狠冲猛打，而不讲究计谋韬略。

十一月，齐楚联军与韩信的汉军在潍水两岸临水对阵。好战惯斗的龙且，几次要向汉军发起猛攻，都被齐王田广劝阻住了。"将军，我们真的是再经不起大的失败了，没有必胜的把握，过河去与汉军拼消耗，我们实在是拼不起啊。"齐王苦口婆心地劝说龙且应伺机而动，不可鲁莽行事。可是，齐王的良言相劝，终究没能阻止龙且给齐楚联军带来失败的厄运。这天，韩信突然指挥大军渡河进击龙且军，可是，部队渡过一半时，汉军便有秩序地向回撤军了。"龙将军，汉军不战自败，而且退得并不慌乱，可能其中有诈。"田广对龙且说。"哈哈，我早就知道韩信这人是个胆小鬼，齐王呵，您可不要'一朝被蛇咬，十年怕井绳'呀！"龙且根本听不进齐王田广的意见，一意孤行地指挥部队"乘胜追击"了。当龙且的将士渡过近一半时，潍水上游发起了洪水，激流滚滚，倾泻而下，一下子把龙且的部队冲散了。而对岸的汉军也趁机回身反击。在急流之中疲于奔命的龙且兵卒成了汉军的活靶子，而阻在潍水东岸的楚兵，更是溃不成军，四散逃亡。汉军在韩信的指挥下过河乘胜追击，杀死了龙且。齐王田广也被韩信活捉了。

原来，韩信设置了诱敌之计。早在齐楚联军赶到潍水两岸布阵之前，他在夜里让士兵做了一万多个布袋子，里面装满了细沙，堆在潍水上游，这样潍水上游便形成了一个人工堤坝。于是，他再用佯装败退的

战略，把敌军引入河中。让士兵突然在上游把沙堤打开，汉军借助洪水之势，轻而易举地打败了齐楚联军。

韩信设置了诱敌之计，水淹齐楚联军，龙且骄傲轻敌，一意孤行，果然中计，最终落得惨败，丢了自己的性命。故事警示大家遇事不能鲁莽行事，要好好分析，善于思考。

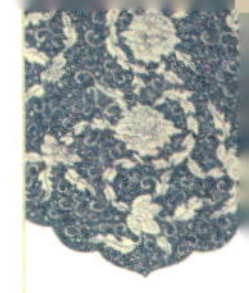

第五十一章

道生之，德畜之，物形之，势[①]成之。是以万物莫不尊道而贵德。道之尊，德之贵，夫莫之命而常自然[②]。故道生之，德畜之，长之育之；亭之毒之[③]；养[④]之覆[⑤]之。生而不有，为而不恃，长而不宰，是谓玄德[⑥]。

注释

①势：自然环境。

②莫之命而常自然：不干涉万物，而顺从万物自化自成。

③亭之毒之：一本作“成之熟之”。

④养：爱养、护养。

⑤覆：维护、保护。

⑥玄德：即上德。它产生万物而不占据，养育万物而不自恃有功。

译文

道生成万事万物，德养育万事万物。万事万物都具有各种各样的形态，环境使万事万物成长起来。故此，万事万物无不尊崇道而推崇德。道之所以被尊崇，德所以被推崇，就是由于道生长万物而不加以干涉，德蓄养万物而不加以主宰，顺从万物的自然规律。因而，道生长万物，德养育万物，使万物生长发展，成熟结果，抚养保护它们。生长万物而不据为已有，抚育万物而不自恃功劳，领导万物而不主宰它们，这就是玄妙深远的德。

解读

本章通过讴歌大自然的无为之德，讲述做人、治国的无为之道。

大道赋予万物生命的种子，万物因遵循自然规律而得以繁殖、成长，有形物质凝聚造就其具体形态，万物因其所处的环境而成熟。自然无为，不主宰、干涉万物，而是让万物完全顺应自然规律成长壮大。所以，万物莫不以道为尊，以德为贵。

万物有生就有灭，生于无形，归于无形，这是自然规律。归于无形，并不意味着彻底消失，而是进行能量流通和养分循环，使万物生命得以组合，并处于永久存在的过程之中。就好像一片叶子，大地为它提供养料，树干为它供给营养，它出生、长大然后衰败，等它落下的时候，又会回归大地，化作春天的泥土，哺育新的生命。生万物而不占有万物，为万物而不自恃己能，壮大万物而不主宰万物，这就是隐而不见的自然规律。

圣人体道并能够遵循自然规律办事。个人无为治身，始终按自己的轨道运行，遵守合乎自然法则的人生法则，可使自我健康长寿。统治者无为治国，遵守合乎自然法则的社会法则，可使百姓安居乐业，社会和平安定。

【证解故事】

公元前 270 年，秦昭襄王采用范雎远交近攻之策，拜白起为大将，先击破楚军收郢都，迫使楚国求和；又大败魏军，斩首 4 万，魏国只得献出 3 个城池求和。秦军连连克捷，秦王被胜利冲昏头脑，再派胡伤率师 20 万伐韩，包围了边城阏与。

阏与是韩国边陲重镇，若被秦军攻破，非但韩国朝夕不保，同时也会危及赵国疆域。韩厘王遣使向赵求救，赵惠王当即委派赵奢为将，帅兵 5 万火速驰援。大军离开赵国都城邯郸，疾行 30 里，突然传来主将的命令："停止前进，就地扎营。""怎么，才离开都城就要扎营，是不是命令传错了？""救援阏与军情紧急，不该停兵不进啊。"赵国官兵们疑惑不解，议论纷纷。赵奢随后又传命说："就地立垒下寨，有言及军事者斩！"这时，有一名打探军情的军官回来禀报秦军攻打阏与，其势勇猛，请赵奢尽快带兵救援。赵奢以违犯军令罪将他斩首示众，全军官兵再也不敢提进军救阏与的事了。赵军原地停留了 28 天，每天增垒挖沟，修筑防御。

秦国主将胡伤听说赵兵来救，28 天不见人影，就派了一名亲信直入赵营面见赵奢说："秦军攻阏与，很快就要破城而入，赵将军若敢与秦军交锋，请速来一战。"赵奢回答说："赵王以邻邦告急，派遣我加强边防，我怎么敢与胡伤大将军交战呢？"他还用酒食款待了胡伤的亲信，让人领着他看过赵营防御又礼送出境。秦使如实回报，胡伤高兴地说："赵兵坚壁不进，增垒自固，根本不敢冒犯秦军，我可以专心攻打阏与了。"

送走秦军信使后，赵奢马上选精锐轻骑万人为先锋，大军随后，衔枚卷甲，昼夜兼行，两天一夜进军韩国，在离阏与 15 里的地方安营扎寨。军士许历献策说："秦军不知赵军突至，所以没有防备。元帅当速据北山岭上，凡秦兵行动，一望而知。"赵奢就让许历带领一万人，屯据北山待命，然后厚集阵垒，等待秦兵来战。胡伤见赵奢的兵马出现在

秦军背后，知道中了惑敌之计，倚仗着兵马强盛，打算先退赵兵再攻阏与。两军交战，赵兵在主帅指挥下与秦兵厮杀正烈之际，忽闻一声鼓响，许历驱万人从山顶杀下，喊声如雷，前后夹攻，立即将秦军杀得人仰马翻。胡伤咆哮大怒，企图争夺北山岭地势，几次冲锋都被飞石击溃。赵奢挥兵围来，几乎将胡伤生擒，乘胜追出韩境50里才收兵，一战而解阏与之围。韩厘王亲自劳军，致书称谢赵王。

赵奢扎营惑敌兵，迷惑了胡伤，使其对自己掉以轻心，出其不意给予攻击，取得了胜利，使大家口服心服。

第五十二章

天下有始[①]，以为天下母[②]。既得其母，以知其子[③]；既知其子，复守其母，没身不殆。塞其兑[④]，闭其门，终身不勤[⑤]。开其兑，济其事[⑥]，终身不救。见小曰明[⑦]，守柔曰强[⑧]。用其光，复归其明，[⑨]无遗身殃[⑩]，是为袭常[⑪]。

注释

①始：本始，此处指“道”。

②母：根源，母体。此处指“道”。

③子：派生物，指由“道”所产生的万物。

④兑：指口，引申为孔穴。

⑤勤：劳作，劳累。

⑥济其事：增加情欲之事。

⑦见小曰明：能察见细微，才叫作“明”。

⑧强：强健。

⑨用其光，复归其明：光向外照射，明向内透亮。发光体本身为“明”，照向外物为光。

⑩殃：灾祸。

⑪袭常：沿袭常道。

译文

世间万物本身都有起始，这个起始“道”就作为天地万物的母体。知道万物的根源，就能认识万物，认识了万物又把握着根本，这样终身

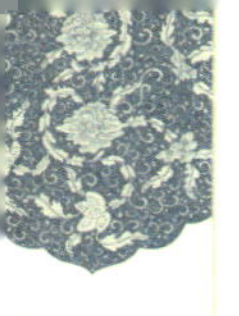

都不会遭遇危险。堵住欲念的孔穴，关闭欲念的门径，终身都不会劳累。如果打开欲念的孔穴，就会增添欲望享乐，终身都不可救治。能够看到细微的地方，叫作“明”；能够守住柔弱的，叫作“强”。运用智慧的光，返照内在的明，这样就不会给自己带来灾难，就叫作不变的“常道”。

解读

本章具体讲述了治身、治国关闭欲望之门，修身养性，就不会出现灾殃的方法。

治身要守住真朴，不要感情用事。运用通过大道开启的智慧之光，重新认识现实的人生和社会，才可以真正地明察事理。

治国方面，从事安民济世活动，一定要遵循客观规律，并且善始善终，决不可把自己打扮成救世主，使自我居于支配地位，操控着国家大大小小的权力，否则，是极其危险的，个人身败名裂事小，祸国殃民事大。因为，国家的持久繁荣和稳定，是摆脱独裁统治，由民主法治来实现的。用以治身、治国修身养性，就不会出现灾殃，这是窥破天机的缘故。即透过大道认识了永恒的自然规律。

个人关闭欲念之门，修身养性，就能够远离烦扰之事。统治者关闭欲念之门，就能够维持国家的持久繁荣和稳定。

【证解故事】

有弱点并不可怕，可怕的是有弱点了却愚昧地不能正视自己的弱点，那样才真的毁了自己。

人生在世，不能自我陶醉，要经常性地、客观地与别人做下比较，找出不足。继而才能有针对性地加以克服，而不是讳疾忌医，这点我们就应该多向西汉的郑庄多学习学习了。

西汉景帝在位时，郑庄还年轻，官也小，只做到了“太子舍人”的官职。

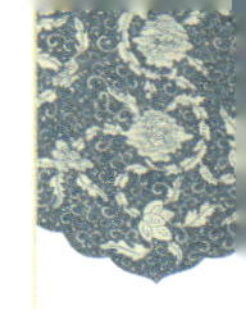

在当时来说，郑庄的才学并不高，但是他却喜欢卖弄，他常对别人夸口说：“现在是太平盛世，我的才学没有用处。如果不是生不逢时，那么我的职位是绝不会这样低的。”

郑庄只叹怀才不遇，便不再精研学问，人们在背后都讥笑他。一次，郑庄的朋友带他参加一个宴会，座上都是高才名儒。郑庄在旁听他们谈论学问，很多都是他闻所未闻的，他一下惊呆了。

郑庄越听越惊，他向朋友说：“这些人其貌不扬，想不到有如此才能，他们都是高官吗？”朋友神秘道：“他们是朝中大儒，平日难得一见，我们只管多听多看好了。”

郑庄参加完宴会，神情一下严峻起来，他对朋友说：“想起我从前自夸己能，真是太无知了。和那些人相比，我不过是个孩童罢了。”朋友安慰他说：“那些人不是一般人能比的，你不必自卑了。你我都还年轻，以后未必不及他们。”郑庄认真道：“同样为人，我不能和他们差距太大，我要努力的地方太多了。”郑庄从此发奋苦学，一有时间，他便拜访名儒，虚心地请教学问。他常常通宵达旦地接待有才能的人。

一次，郑庄招待宾客，宾客夸他年纪轻轻便学问了得，郑庄苦笑说：“在下从前不知天高地厚，以至耽误修习，虚度不少时光，今日想来犹有愧疚，先生就不要夸我了。”宾客感叹道：“山外有山，人外有人，你不要自责太过，有些事还需自我安慰才是。”

郑庄送走宾客，自语道：“明知自己不足，就该迎头赶上，否则就是终生遗憾了。”

郑庄如此求进，学问和声望都日渐提高。汉武帝即位后，有人便推荐他，说：“郑庄求学不止，从没有满足的时候，他这样的人是不可久居下位的，否则便埋没了人才，对国家也是损失。”

汉武帝曾当面考问郑庄的学问，郑庄一一作答，没有一点错处。汉武帝夸赞他，郑庄急忙道：“臣的学问浅陋，不值得陛下夸奖，陛下所问恰是臣所知道的，臣能回答无误不过是侥幸而已。”汉武帝欢喜道：“你能如此谦虚，足见你还有更大的上升空间，朕对你十分期待。”

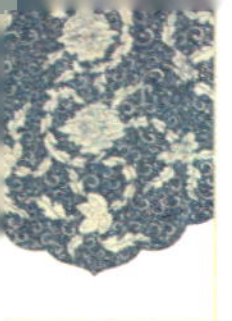

郑庄先后担任了鲁国中尉、济南太守、江都相，直至升任了九卿之一的右内史。

郑庄位居显官，也是谦恭如常，他对家人告诫说：“有些人一旦有了权势，便要飞扬跋扈，结果招来大祸，这是因为他们太自满了，看不到自己的不足啊。我虽为高官，但比我强的人还有很多，我们不可高傲示人，更不可做出违法的事来。”

郑庄从不直呼小吏之名，和下属谈话，他也用词谨慎，害怕伤了人家的自尊心。他赞誉士人和属下官吏时，总是说：“我不如他们，也许我命好的缘故，才有今日的高位。”人们一致称赞郑庄，把他视为自己学习的典范。

俗话说“金无足赤，人无完人”。有缺陷并不可怕，也不丢人，关键是你要清醒地认识到自己的不足，并努力克服不足、迎头赶上。勇于正视自己的缺点是一枚青橄榄，它给你不尽的回味，无限的遐想。努力正视不足，不断地发现自我，挑战自我，才能完善自己。

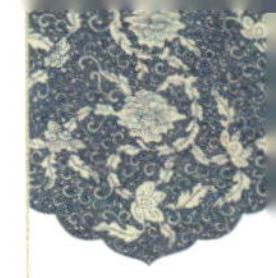

第五十三章

使我[①]介[②]然有知，行于大道，唯施[③]是畏。大道甚夷[④]，而人[⑤]好径[⑥]。朝甚除[⑦]，田甚芜，仓甚虚。服文彩，带利剑，厌饮食[⑧]，财货有余，是为盗夸[⑨]。非道也哉！

注释

①我：指有道的圣人。

②介：微小。

③施：邪、偏差。

④夷：平坦。

⑤人：指人君。

⑥径：邪径。

⑦朝甚除：朝政非常败坏。

⑧厌饮食：厌，饱足、足够。饱得不愿再吃。

⑨盗夸：大盗的意思。

译文

假如我稍微地有了认识，按照“道”的规律做事，那唯一害怕的就是走上邪路。大道虽然平坦，但人君却喜欢走歪门邪道。朝政极其腐败，农田非常荒芜，仓库十分空虚，而人君仍穿着漂亮的衣服，佩带着锋利的宝剑，饱得不愿再吃，占有富余的财货，这就叫作强盗头子。这不是“道”啊！

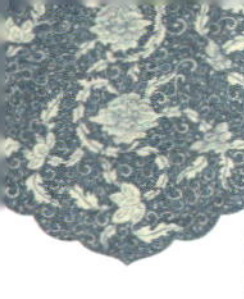

解读

本章中，老子痛斥了奢侈无道的统治阶级。

让真我介入自我和大道之间，使自我获得真知，遵循大道行事，那么，让人唯一惧怕的就是施展威风。因为“施”是违背大道的。

大道本来是平坦的，而统治阶级却偏偏喜欢邪路。不明道的帝王们为了炫耀自己的尊贵，追求浮华的生活，大兴土木，建造王宫。一边大肆搜刮民脂民膏，一边征调大量民工，结果田地荒芜，粮仓空虚，致使民不聊生。有不明道的君主，就有不明道的文武百官。他们“服文彩”——文官，“带利剑”——武官，“厌饮食”——穷奢极侈，“财货有余”——贪赃枉法。在劳动人民不能真正当家做主的社会里，自上而下的官僚头目，大都是徇私舞弊、贪赃枉法、横行霸道、欺压百姓的强盗。他们显财富、施威风，哪里有道德可言？

【证解故事】

汉元帝时，石显专权，京房私下晋见皇帝，问汉元帝：“周幽王和周厉王当政，国家怎么陷入危机的呢？他们信任的是些什么人呢？”元帝说：“君主不英明，信任的都是些投机取巧、吹吹拍拍的人。”京房说：“是明知他们投机取巧、吹吹拍拍还要任用他们呢？还是认为他们有才能而任用他们呢？”元帝说：“是认为他们有才能。”京房说：“那么如今怎么知道他们不贤呢？”元帝说：“根据当时社会混乱，在君主的地位受到威胁的情况下知道的。”京房说：“齐桓公、秦二世也曾听到过这样的道理，但他们却嘲笑幽王、厉王的糊涂。然而他们仍然任用了竖刁、赵高这样的狡诈之徒，结果国家政治日渐混乱，造反的人满山遍野。为什么他们不能以幽王、厉王作为前车之鉴，从而认识到自己用人之非呢？”元帝说：“只有懂得大道的人，才能鉴过去以知未来啊。”京房说：“陛下看现在的朝政是清明还是混乱呢？”元帝说：“也是非常混乱的。”京房：“如今受信任重用的是些什么人呢？”元帝说：“有幸的是现在

被任用的石显比竖刁、赵高他们都好。我认为朝政的混乱责任不在于他。”京房说：“前世的齐桓公、秦二世也是这样认为的。我恐怕将来的人看现在情形就如同我们看过去的情形是一样的。”上面这些故事，便是凡事都有迹象表现出来的道理。

唐代的赵蕤说：“考察一个人最有效的方法是看他怎么做而不是看他怎么说。人的品行总会有迹象表现出来，根据一个人的根本品质去参验他办事的迹象，那么是善是恶就无法掩饰了。”因此，不管修身，还是从政，都必须有一个最根本的准则。政治是否清明，人是否有才也都有迹象表现出来。如果能把持住根本，以办事的迹象作为考核的依据，那么就像水是凉的、火是热的一样，人的善恶就无法掩饰了。

第五十四章

善建者不拔，善抱[①]者不脱，子孙以祭祀不辍[②]。修之于身，其德乃真；修之于家，其德乃余；修之于乡，其德乃长[③]；修之于邦，其德乃丰；修之于天下，其德乃普。故以身观身，以家观家，以乡观乡[④]，以邦观邦，以天下观天下。吾何以知天下然哉？以此。

注释

①抱：抱住、固定。

②辍：停止、断绝。

③长：尊崇。

④以乡观乡：以自乡察看观照别乡。

译文

善于建树的不会轻易动摇，善于抱持的不会脱掉，他们的后代能够遵循这个道理，那么子子孙孙就会绵延不绝。把这个道理用于自身修养，他的德行就会真实纯正；把这个道理用于自家，他的德行就会丰盈富余；把这个道理用于全乡，他的德行就会受到尊崇；把这个道理用

于国家，他的德行就会丰硕；把这个道理用于天下，他的德行就会得到普及。所以，用自身的修身之道来观察别身；以自家察看观照别家；以自乡察看观照别乡；以我的天下之道察看观照其他的天下。我是怎么知道天下的情况的呢？就是通过以上的方法和道理。

解读

本章是老子的身国同构思想。

一个善于建功立业的人必定从自我修养开始，绝不会好高骛远，去做超出自我能力的事情。一个善于抱朴的人要有正确的思想观念，决不可脱离社会、脱离人民，做自我超脱。

透过修身的印证，他的思想才会纯真；把修身之道推及一家，他的品德就会在一家之中保留下来；把修身之道推广到一乡，他的品德就会在一乡中成长；把修身之道推广到一国，他的品德就会在一国中获得丰收；把修身之道推广到整个天下，他的品德就会普及整个天下。

凡是善于建功立德的人，必须以人为本，从修养自身做起。治身之道、处世之道、治国之道是统一的，而正确的处世之道、治国之道必须通过治身之道来体悟。欲转变人们的思想观念，不能凭口头说教，而是要从推广道德开始，由点到面，由近及远，逐渐普及。一旦人人功成德就，天下也就太平了。

所以说欲建功于天下者，必须以道德化天下；以道德化天下，必须从我做起。完善的治国之法来源于治身之德，治身之道和治国之道是相辅相成的。

【证解故事】

唐代的滕王极其荒淫，曾立誓要睡遍众官的美妻。他常以妃子呼唤为名，把人家的美妻骗到宫里，立即进行强奸。这样，他看中哪个女子，哪个女子就没有不被其奸污的。

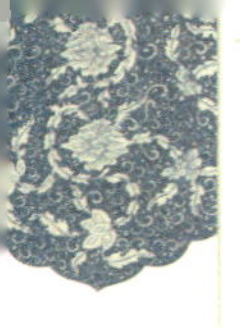

当时典签崔简的妻子郑氏刚到这里，滕王闻讯，就派人来呼唤。崔简犯了愁：如果让妻子前往宫中，那妻子就要被糟蹋了；如果不让妻子去，那么，滕王降罪下来，岂不家破人亡？正在左右为难之际，郑氏对崔简说："丈夫放心，我决不会让滕王得手。"

郑氏跟着来人走进王府中门外的小阁，正在阁内等候的滕王看见崔简的美妻进来，扑过去就要下手。郑氏心中早有准备，大声呼叫左右的人道："大家快来呀，大王怎么会是干这种勾当的人呢？这人一定是个品行不端的家奴！"一边叫着，一边脱下一只鞋猛击滕王的头，把滕王的头打得鲜血直流，又抓破了滕王的脸，样子十分难看。郑氏还不解恨，又张嘴咬其耳朵、鼻子，就在此时，王妃听到叫声出来，郑氏乘机逃脱。滕王哪会想到郑氏如此厉害，被她一阵厮打，弄得十分狼狈。在王妃们面前又不便发作。

他又气又恼，十多天不出来处理政事。郑氏回到家里，把在宫里发生的事一五一十告诉了崔简，崔简听后战战兢兢，害怕滕王将自己治罪，可又不敢不去参见滕王。就这样过了一段提心吊胆的日子。

后来，滕王获罪，崔简看准这个时机，前往宫中道歉。滕王十分惭愧，才认识到以前对不起崔简，对不起其他的官员和他们的妻子。于是下令放出众官的妻子。这些被糟蹋过的妻子，出宫后知道了郑氏拒辱的事，无不钦佩她的勇敢和智慧，为自己软弱怕事，遭受昏王奸污而感到无地自容，当天就有几人自杀身亡。

第五十五章

含德之厚，比于赤子。蜂虿虺蛇[①]不螫[②]，攫鸟[③]猛兽不搏[④]。骨弱筋柔而握固。未知牝牡之合而朘作[⑤]，精之至也。终日号而不嗄[⑥]，和之至也。知和[⑦]曰常，知常曰明，益生[⑧]曰祥[⑨]，心使气曰强[⑩]。物壮[⑪]则老，谓之不道，不道早已。

注释

①蜂虿（chài）虺（huǐ）蛇：虿，蝎类；虺，毒蛇。

②螫（shì）：有毒的虫子用刺咬人。

③攫（jué）鸟：用利爪抓取食物的猛禽。

④搏：用爪子击物。

⑤朘（zuī）作：婴孩的生殖器勃起。

⑥嗄（shà）：嗓音嘶哑。

⑦和：指阴阳二气合和的状态。

⑧益生：纵欲贪生。

⑨祥：取反义，不祥的意思。

⑩强：逞强、强暴。

⑪壮：强壮。

译文

道德浑厚的人，就好像婴孩。毒虫不螫他，猛兽凶鸟不抓他。他虽然筋骨柔弱，但握东西却很牢固。他虽然不知道男女交合之事，但他的生殖器却会勃起，这是精气旺盛的缘故。他整天放声大哭，但嗓子却不

会沙哑，这是冲和之气旺盛的缘故。认识淳和的道理叫作“常”，知道“常”的叫作“明”。贪生就会不祥，欲念主使精气就叫作逞强。事物鼎盛了就会走向衰老，这就叫不合于“道”，不遵守常道就会过早衰亡。

解读

本章通过婴儿的生理现象，总结出事物的一般规律即对立统一规律。

就人类的身体素质而言，最强壮的时期是青年时期，此时身体完全发育成熟，超过这个年龄，身体就开始衰老。对此，世人都以为是正常现象，而在老子看来，这是不懂得养生之道的结果。

不懂得养生之道就会放纵欲望，对外执着于名利，或作损人之心，或作防人之心，终日疲惫不堪；对内追求感官刺激，贪杯贪色，吸烟吸毒。如此一来，内损外耗，元气大伤，阴阳失和，于是各种疾病相伴而生：头疼感冒、神经衰弱、失眠健忘、精神忧郁症等。现代人的生命终结，有多少人是无疾而终、自然老化的呢？看到人们在极端痛苦中死去，我们能从中感悟到什么呢？

既然认识到了这个规律，就要以顽强的道德意志去克服自我的不道行为，否则，就会遭到惩罚。

【证解故事】

汉武帝时，上官桀任未央厩令，负责御用马匹的喂养、调护。汉武帝能征善战，自然对自己的马倍加关心，责令上官桀好好喂养，不得疏忽。

某年，汉武帝大病一场，险些一命呜呼，宫内宫外一片忙乱，正常工作都乱了套。过了许久，汉武帝慢慢好起来了。一日，春光明媚，汉武帝游兴大发，让手下备马套车，外出游玩、赏春。许久不见，汉武帝自然关心他的马匹。哪知牵来一看，一匹匹都消瘦了不少，且没有梳

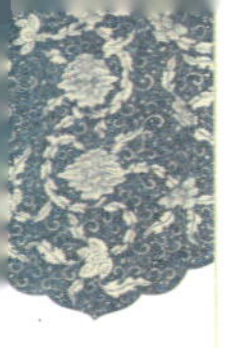

洗，看上去脏兮兮的。汉武帝看罢，暴跳如雷，命手下人速去传上官桀，众人都为上官桀捏一把冷汗。

上官桀到来，汉武帝劈头大骂："朕命你好好调养马匹，想不到朕病了一场，你竟把马养成这样，你是不是以为朕再也见不到这些马了？"上官桀见大祸临头，便一下子跪在那里，连连叩头说："皇上息怒，这都是微臣的过错。数月来微臣听说皇上龙体欠安，故心中十分忧虑，日夜打听皇上消息，惦念皇上健康，所以没把心思放在养马上，使马瘦了许多，微臣真是罪该万死，请皇上处罚。"说着说着，上官桀流下泪来。汉武帝本来憋了一肚子气，是要把上官桀治死罪来解气的，却不料上官桀竟说出这番话来，心中气早消了。但又怕上官桀是临时编谎开脱罪责，正在沉吟之际，见上官桀泪流满面，于是相信了上官桀的话，不但没有处罚他，还嘉奖他的忠心。不久提拔上官桀做了太仆令。

上官桀善于揣摩皇上心理去讲话，随机巧对，取悦了龙颜，终于免除了杀身之祸，还得到了高官。

第五十六章

知者不言，言者不知。[①]塞其兑，闭其门，[②]挫其锐，解其纷，和其光，同其尘，[③]是谓玄同[④]。故不可得而亲，不可得而疏；不可得而利，不可得而害；不可得而贵，不可得而贱。[⑤]故为天下贵。

注释

①知者不言，言者不知：聪明的人不多说话，到处说长论短的人不聪明。

②塞其兑，闭其门：塞堵嗜欲的孔窍，关闭起嗜欲的门径。

③和其光，同其尘：此句意为平和其光耀，混同其尘世。

④玄同：指“道”玄妙齐同。

⑤不可得而贵，不可得而贱：这是说“玄同”的境界已超出贵贱等世俗的范畴。

译文

智者不会多说话，而到处说长论短的人就没有智慧。塞堵住嗜欲的孔窍，关闭住嗜欲的门径。挫平锋芒，解除纷争，收敛光耀，混同尘世，这就是深奥的玄同。达到“玄同”境界的人，已经超脱亲疏、利害、贵贱的世俗范围，所以就为天下人所尊贵。

解读

本章论述了真人、圣人之所以为天下贵的品质。人生的真谛在于认识自我、超越自我，创造真我。

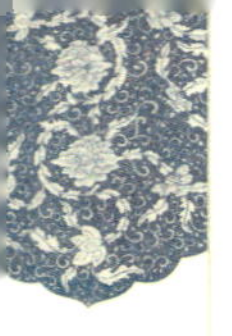

老子认为，有涵养和智慧的人都是谨慎言谈的。他们挫除了自我妄为之念，不争不贪；化解了自我纷纷之想，无悔无怨。彻底抛弃不合大道的自我主观意愿、情感，不为一切主观的好恶、是非、美丑等情感所羁绊。功名利禄、荣华富贵皆为大道之尘埃，不以己悲，不以物喜，一切顺其自然。

人生的真谛在于认识自我、超越自我，创造真我。只有重塑自我，才能与宇宙同心，确立正确的世界观、人生观和价值观。以超脱自我的精神从事社会实践活动，才会有益于他人，有益于社会。这样的人，必然成为社会上最可贵的人。

【证解故事】

春秋末期，越国为了洗雪“会稽之耻”，大夫范蠡忍辱负重，亲自将绝色美女西施送往吴宫。西施一住就是十年。她听说越国将兴师伐吴，就设法搞到一张吴都姑苏的城防图。可是宫墙里，戒备森严，地图怎么送到越国去呢？

西施苦思了几天，云鬓懒理，衣衫不整，饮食无味，眉心紧蹙。吴王不安地问她什么事不开心，西施以手捧心说：“大王，不知为什么，臣妾近来又常感到胸口疼。”吴王忙召来最好的御医。但西施服了药，“病”反而更重了。吴王说：“有谁能治好你的病？”“能治好我病的是我的堂伯父施老医生，住在越国的苎萝山上。臣妾儿时胸口痛，一吃他的草药就好啦。”吴王马上派出特使。几天后，施老医生匆匆带了一包草药，来到馆娃宫，跨进椒花房。切脉问诊后，觉得西施并无大病，只是肝经稍郁，就开了方，交给吴王说：“大王放心，娘娘不过是偶染小恙，马上就会好的。”

吴王大骂：“庸医莫非想耽误娘娘的病？”施老医生不顾西施的暗示，生气地说：“娘娘是我的侄女，凭什么说我要耽误她？”吴王勃然大怒，拔出宝剑，直向施老医生劈去。西施“啊”地惊叫一声吓昏过去。

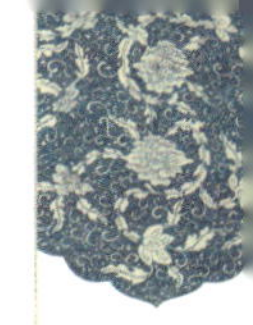

施老医生忙上前抢救。西施醒过来后，连声道："大王，杀不得！杀不得！杀了施老医生，臣妾就无救啦！"

这时，外传相国伍子胥求见，吴王对西施说："放心吧，寡人就叫他守在你身边，直到病愈。"吴王走后，西施向堂伯父讲明了装病的原因。又拿出地图，将它反折，做成千朵白花，教他如此这般，然后亲自送他出了内苑。施老医生手持白花，正要跨出内宫大门，伍子胥突然拦住了去路，说："娘娘的病还没有好，怎么就走？"施老医生道："娘娘仍思念亡父，结郁成疾，现在对症下药，不出三日保能痊愈。"伍子胥又问："手里拿的是什么？""娘娘做的花，叫小人带回，献于亡父坟前。""大王有令，凡出入内宫者，均要检查！"西施见伍子胥要夺花，忙掀帘而出，质问道："伍相国，难道我的东西，你也要检查？"

伍子胥只得放行。施老医生跨出内宫大门，谁知台阶未下，吴王又到。伍子胥忙奏道："大王，老医生说要回越国。臣认为，他应该永远留在宫中。"吴王连说有理。

施老医生说："娘娘乃小人侄女，我能常住在宫中，吃的山珍海味，住的琼楼玉宇，何乐而不为啊！可小人来时，没有多带当地草药，百宝箱也没带来，让小人回家一趟再来，定效犬马之劳。"吴王说："好啊，快去快回！"半个月后，范蠡收到地图，立即改变战斗计划，分兵两路直攻姑苏，终于首战告捷，最后灭了吴国。

故事看完了，我们不得不佩服美人西施的胆略，她利用自己的优势多次化解伍子胥的刁难。而施老医生最后的表现也很完美，他也清楚自己的优势，就是他能够医治西施的心痛。他们都是聪明人。

第五十七章

以正[①]治国，以奇[②]用兵，以无事取[③]天下。吾何以知其然哉？以此[④]：天下多忌讳[⑤]，而民弥贫；民[⑥]多利器[⑦]，国家滋昏；人多伎巧[⑧]，奇物[⑨]滋起；法令滋彰，盗贼多有。故圣人云："我无为，而民自化[⑩]；我好静，而民自正；我无事，而民自富；我无欲，而民自朴。"

注释

①正：指无为之道。

②奇：奇巧、诡秘。

③取：治理。

④以此：即以下面这段话为根据。

⑤忌讳：禁忌、避讳。

⑥民：一本作"朝"。

⑦利器：锐利的武器。

⑧伎巧：指技巧，智巧。

⑨奇物：邪事、奇事。

⑩自化：自我化育，自然顺化。

译文

以无为之道去治理国家，以奇巧的计谋用兵，以不干扰害人而管理天下，我怎么知道是这种道理呢？根据就在于：天下的禁忌越多，而老百姓就越来越贫穷；百姓的锋利武器多了，国家就会越来越混乱；人们的技巧越多，怪事就越闹得厉害；法令越是森严，盗贼就会越多。所以

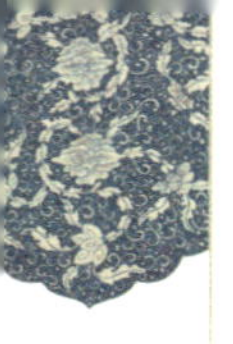

圣人说，我无为，人民就自然顺化；我喜好宁静，人民就自然走正道；我不生事端，人民就自然富足；我没有欲望，而人民就自然淳朴。

解读

本章具体讲述了无为治国的实施方法。

法律是光明正大的，要求人人知法守法。用兵则不然，欲运筹于帷幄之中，决胜于千里之外，必须运用奇谋。要想取得国家的领导权，成为人民拥戴的领袖，绝不能怀有不可告人的目的，必须以天下为公。

往往是那些心理脆弱不堪一击的人忌讳多，一旦被触犯，就会怒不可遏，做出有失常态的举动来。而无所顾忌的人心理健康，自然不需要什么忌讳。正是由于统治者多忌讳，国家的法令烦琐严苛，那百姓不知道自己哪里一不小心就会触犯了法令，做起事来小心翼翼，不敢越雷池一步，为求自保，自然也就宁可少做少错，这样也就谈不上什么发展了，百姓生活就会困苦。当人心不能够顺其自然、清静平正时，面对种种利器、智能、法令，自然也就容易盗贼奸伪迭起了。

所以老子提出依法治国；取消主观说教，通过自身默修实践，加强自我道德修养，让人们在自悟的过程中，逐渐确立正确的思想观念、科学的世界观和认识论；热爱和平，拒绝战争，人民生活在民主自由、和平稳定的社会里，自然生活富足；反对利己主义，倡导集体主义。只要人人消除了自我私欲，人民就自然归于淳朴。

【证解故事】

不同问题应以不同措施去处理，做事没有必要直来直去，很多时候直来直去肯定是最简单，也是最容易碰钉子的做法。因此，生活中，你在处理具体事时，就不要一条路走到黑，必要时不妨绕个弯。

三国时，刘备在四川当皇帝，碰上夏天长久不下雨，为了求雨，就下令不准私人家里酿酒，就如现在政府命令不准屠宰一样。因为酿酒

也会浪费米粮和水，就下令不准酿酒。命令下达下来，执行命令的官吏，在执法上就发生了偏差，有的在老百姓家中搜出做酒的器具来，也要处罚。老百姓没有酿酒，而且只搜出以前用过的一些做酒工具，怎么可算是犯法呢？但是执行的坏官吏，一得机会便“乘时而驾”，花样百出，不但可以邀功求赏，而且可以借故向老百姓敲诈、勒索。报上去说，某人家中，搜到酿酒的工具，必须要加以处罚，轻则罚金，重则坐牢。虽然刘备的命令并没有说搜到酿酒的工具要处罚，可是天高皇帝远，老百姓有苦无处诉，弄得民怨处处，可能会酝酿出乱子来。简雍是刘备的妻舅。有一天，简雍与刘备两郎舅一起出游，顺便视察，两人同坐在一辆车子上，正向前走，简雍一眼看到前面有个男人与一个女人在一起走路，机会来了，他就对刘备说：“这两个人，准备奸淫，应该把他俩捉起来，按奸淫罪法办。”刘备说：“你怎么知道他们两人欲行奸淫？又没有证据，怎可乱办呢！”简雍说：“他们两人身上，都有奸淫的工具啊！”刘备听了哈哈大笑说：“我懂了，快把那些有酿酒器具的人放了吧。”这又是“曲则全”的一幕闹剧。

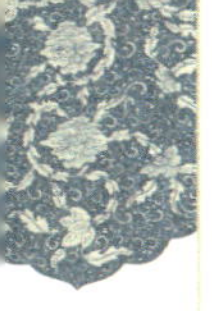

第五十八章

其政闷闷[①]，其民淳淳[②]；其政察察[③]，其民缺缺[④]。祸兮，福之所倚；福兮，祸之所伏。孰知其极？其无正[⑤]？正复为奇，善复为妖，[⑥]人之迷[⑦]，其日固久。是以圣人方而不割[⑧]，廉而不刿[⑨]，直而不肆[⑩]，光而不耀[⑪]。

注释

①闷闷：宽厚、昏昧的状态。

②淳淳：淳朴厚道的意思。

③察察：严厉、苛刻。

④缺缺：狡黠、不满足之意。

⑤其无正：正，标准、界限。指福祸变换并没有确定的标准。

⑥正复为奇，善复为妖：正，方正、正义；奇，反常、邪；妖，邪恶。这句话意为：正的变为邪的，善的变成恶的。

⑦迷：指人迷惑于祸福之门，而不知其循环相生之理。

⑧方而不割：方正而不生硬。

⑨刿（guì）：割伤。

⑩直而不肆：直率而不放肆。

⑪光而不耀：光亮而不刺眼。

译文

政治宽厚清明，人民就淳朴厚道；政治严厉苛酷，百姓就狡黠、抱怨。幸福依傍在灾祸的里面；灾祸藏伏在幸福的里面。谁知道灾祸还是

幸福的极限呢？它们并没有确定的标准。正义忽然转变为奇邪的，善良忽然转变为邪恶的，人们迷惑于这一点，由来已久了。因此，圣人方正而不生硬，有棱角而不伤害人，直率而不放肆，光亮而不耀眼。

解读

本章主要通过对两种不同的社会制度和不同的理政措施所带来的不同的社会效果的比较，说明一切社会弊端都是统治者“有为”“有欲”“好动”“有事”造成的，从而主张朴治，否定人治。

圣人莅临天下，施行“无为之治”和“不言之教”，根据人民的心声和社会发展的需要，不断建立和完善社会法律，不搞形式，不搞运动，不搞个人崇拜，各级行政官员都默默无闻地履行着自己的神圣职责，工作程序按部就班，循序渐进。表面看来，政府里并没有什么天才人物，也没有轰动天下的大手笔，但是，社会却在健康发展，人民的物质生活水平和道德水平日益提高，淳朴、厚道的社会风貌自然形成。相反，在专制社会里，统治者独断专行，唯恐失去了至高无上的权力，失去了既得利益。人民失去了自主权，积极性和创造性就得不到发挥，致使生活越来越贫穷，国家越来越混乱，人民生活处于水深火热之中。百姓所遭受的灾祸，就是统治者穷奢极欲的生活所依赖的；而统治者的穷奢极欲又为他们或者他们的子孙后代埋下了灾难的祸根。

人们迷恋名利的思想观念，实在是太牢固、太长久了。所以，圣人最初的治国方针是：用道德来规范人们的思想行为而不割舍法律；使各级政府官员为政清廉而不为名利所害；给百姓言论自由，让他们直抒己见而又不肆意妄为；使人人都为自己所作出的奉献感到光荣而又不自我炫耀。

【证解故事】

王之涣（公元 688—742 年）是唐朝的著名诗人，他还是个判案如神的清官。

王之涣在文安县任上时，曾办过一个案件：有户人家，当家人常年在外做生意，家中只有姑嫂二人，相依为命。嫂嫂能干体贴，姑娘温柔美丽，日子过得很安定。但在一天晚间，姑娘突然惨死在房中。嫂嫂发现案情，立即呈报县衙。王之涣问那嫂子："你是怎样发现案情的？"嫂子说："晚上，我正在磨坊推磨，忽听小姑惨叫救命声，我就立即奔向卧室，在院内看见一个人影，因为天黑，看不清面目。只见他光着上身，我上前抓他，谁知他身强力壮，脊梁又光滑，被他脱身逃走了。"王之涣又问："你们两个年轻女子在家，难道平素不做防备吗？""我家饲养了一只黄狗，但不知怎的，晚上没听见狗叫声。"王之涣闻言大怒："那狗不为主人效力，实在可恶！"

次日，正值庙会，王之涣决定在庙会上当众审问恶狗。这真是件新鲜事。赶庙会的附近村民闻讯都来观看王之涣审狗。人越聚越多，整个庙宇都挤满了。此时王之涣吩咐差役把庙门关紧。他把孩子、老人、妇女分批地赶出门外，只留下百来个青年、壮年男子，这些人你看我望，不知王之涣要干什么。王之涣一声断喝："都把衣服脱了，面朝墙站好！"那些人不敢违抗，只得照办。

王之涣一个个验看那些男子的脊梁，其中有一男子脊梁上有两道红印，他便问道："你叫什么名字？""小的叫阿狗。""你与死者可相识？""不……"阿狗支支吾吾，但又不得不实说："我与她是街坊邻居，当然相识。""给我将阿狗拿下，其余的人都可自行离庙。"经过审问，阿狗承认了强奸姑娘，进而将姑娘杀死的罪行。

王之涣如何在众多的赶庙会的人中认出罪犯的呢？事后他对提出疑问的人说："根据案情，这是一起强奸杀人案。那就必定是青壮年作的案。那晚黄狗不叫，说明了作案者是个熟人，再加那人曾被死

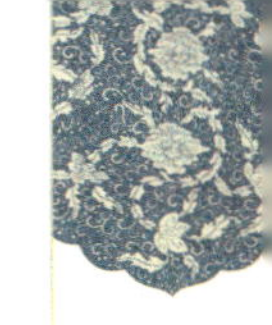

者嫂嫂遇见，而且在光脊梁上抓过一把，只要逐步排除不可能者，那么具备上述几个条件的阿狗就必定是凶犯无疑。”至于审问黄狗，是王之涣故作耸人之举，以吸引众人来赶庙会，可麻痹作案者的心理，使之上钩。

王之涣根据狗不咬熟人的道理，逮住了杀人犯。为官者一定要注意细节，抓住主要的细节，便能够一举找到问题的关键。

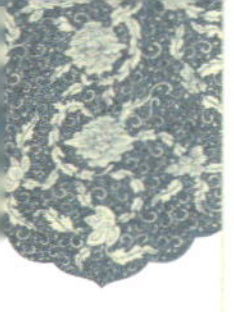

第五十九章

治人事天①，莫若啬②。夫唯啬，是谓早服③。早服谓之重积德④，重积德则无不克，无不克则莫知其极，莫知其极，可以有国。有国之母⑤，可以长久。是谓深根固柢，长生久视⑥之道。

注释

①事天：保守精气、养护身心。“天”指身心。

②啬：爱惜、吝啬。

③早服：提早做准备。

④重积德：不断地积德。

⑤有国之母：有国，保国的意思。母，根本、原则。

⑥长生久视：长久地维持、存在。

译文

治理百姓和保养身心，没有比爱惜精神更重要的。爱惜精神，才会早做准备；早做准备，就是不断地积“德”；不断地积“德”，就没有什么不能战胜的；没有什么不能战胜，那就无法估量他的终极实力；具备了这种无法估量的力量，就可以治理好国家。有了治理国家的原则和道理，国家就可以长治久安。这就是符合国运长久，根深蒂固的方法。

解读

本章讲治国与养生的原则和方法。

老子赞扬吝啬精神，不是专指爱惜财物，是指在精神上注意积蓄、

养护、深藏根基、厚积薄发。这是修身养性的重要方式。真正做到精神上的“啬”，只有积累雄厚的德，有了德，也就接近了道。而修养自我、培育真朴莫过于遵守俭德。

就治国而言，本章同样是强调节俭之德。国家的繁荣和稳定是以物质文明为基础的，精神文明离不开物质文明，但有了较多的物质文明后，同样不能忽视精神文明建设，不能奢侈浪费，要爱护资源，这样方可保证社会的永续发展。

【证解故事】

俗话说欲有尊卑，贪无二致。

王莽以皇亲国戚起家，屈己下人，勉力而行，从而博取名誉，赢得了家族称赞，得以登上高位，辅佐朝政。他表面上一副为国家辛勤工作、公正贤良的样子，好像宽仁厚道，本质上却虚伪奸诈邪恶，他篡夺皇位、窃取政权，和一般的权贵没有二致。王莽的父亲王曼是太后的异母兄弟，但王曼死得早，未能封侯，王莽家就相对比较寒酸。少年王莽立下大志，决心有朝一日位极人臣，让那些飞扬跋扈的兄弟们看一看。要想爬上高位，必须要弄个诚实的好名声。于是，王莽发愤读书，勤学好问，生活节俭，疏远游手好闲之徒，结交饱读诗书的京中名士，对人礼貌，十分恭谨，于是在京城中首先获得了好名声。有了好名声，并不等于能爬上高位，最关键的是那位当大司马的王凤。于是王莽就竭力讨好王凤。有一次，王凤得了病，他精心伺候伯父，一直守在病榻边，细心照料，事必躬亲。小至请医把脉，大至煎药倒尿，毫无怨言，煎好药时还要亲口尝一尝。王凤病重时，他衣不解带，昼夜服侍，脸都顾不得洗，这种诚心令伯父非常感动。王凤在临死之时，亲口向太后交托要她照顾王莽。王莽得以升为“黄门侍郎”，后又升为“射声校尉”。

王莽对其他几位叔父，也千方百计地表示出尊敬、诚厚、老实、勤俭的样子。终于王莽又感动了一位叔父王商。王商细一思量，这整个

王家花花公子多，勤俭弟子少，真正能保住王家基业的只有王莽一个。于是他上书皇上，表示愿意把自己的封邑分出一半给王莽，让他也封侯。朝中大臣也纷纷上书，夸奖王莽德才兼备，应该重用，引起皇帝重视。成帝永始元年（公元前 16 年），王莽被封为新都侯，官职又升到骑都尉，光禄大夫。王莽虽然做了大官，仍然是一副谦逊谨慎，诚厚忠心的神态，而且十分节俭，不蓄家财，钱财都用于资助名士，颇有轻财重义的豪爽气概。王莽的哥哥王永早死，王永的儿子王光和嫂子由王莽供养。王光读书，王莽特地带了酒肉等礼物慰问王光的老师，与王光一同读书的同学也受到赠送。王莽身居高官，如此礼贤下士，令他的先生们感激不尽，这些先生们官位低微，一副寒酸相，谁又看得起他们，唯独王莽慧眼有珠。这样一做，先生学生争相宣传王莽的美德。朝中继王凤任大司马的王根也是王莽的叔父，王根病重，多次请示卸任，王莽遇到千载难逢的时机。公元前 8 年，王莽出任大司马。

王莽因为大司徒孔光是著名的儒者，辅佐过三个皇帝，是皇太后所尊敬的贵人，全国人都相信他，于是极力尊敬地对待孔光，选用孔光的女婿甄邯担任奉车都尉加侍中衔。当时依附顺从他的人被提拔，触犯怨恨他的人被消灭。对哀帝的外戚和他向来不喜欢的在职大臣，王莽都罗织他们的罪名，写成请示奏章，让甄邯拿去交给孔光。孔光一向小心谨慎，不敢不送上这些奏章，王莽再报告皇太后，这些奏章总是被批准。王舜和王邑成为他的心腹，甄丰和甄邯掌管纠察弹劾工作，平晏管理机要事务，刘歆主管典章制度，孙建成为他的得力助手。还有甄丰的儿子甄寻、南阳郡人陈崇都由于有才能而得到王莽的宠爱。王莽脸色严厉，说话一本正经，想要有所行动，只需略微示意，同伙就会秉承他的意图明白地报告上去，而王莽自己却磕头哭鼻子，坚决推辞那些事，对上用这种手段迷惑皇太后，对下用这种手段向广大群众显示诚实。

一次，大臣们向太后报告说，王莽应该比照以前的大司马霍光和萧相国的成例受封。王莽报告说：“我和孔光、王舜、甄丰、甄邯共同决

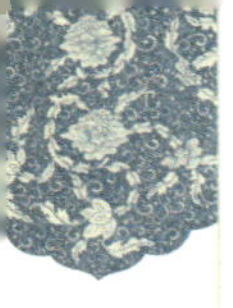

策拥立新皇帝，现在希望仅条陈孔光等人的功劳和应得的赏赐，放下我王莽，不要和他们相提并论。”大臣们建议说：“王莽虽然克己让人，朝廷还是应当表彰，表明重视首功，不负众望。”皇太后便下诏书把召陵、新息两县民户二万八千家封给王莽，免除他的后代的差役义务，规定子孙可以原封不动地继承他的爵位和封邑，褒赏他的功勋，仿照萧相国的成例。任命王莽担任太傅，主持四辅的工作，赐号安汉公。之后又把从前萧相国的官邸作为安汉公的官邸，明确规定在法令上，永远流传下去。当时王莽装作诚惶诚恐的样子，不得已才上朝接受策命。王莽接受了太傅的官位和安汉公的称号，辞谢了增加封地和规定子孙可以原封不动地继承爵位、封邑这两项赏赐，说是希望等到老百姓都富足了，然后再给予这样的赏赐。各大臣又力争，王莽又推辞没有接受，而建议应当把诸侯王的后代和自从高祖以来的功臣子孙赐封为列侯。

王莽已经赢得了大家的好感，但他最想要的是专权独断，随着地位的巩固和权势的增长，王莽的权欲愈益滋长。他从政治斗争的得失中认识到，控制皇后是至关重要的，这可以巩固他的权位。他在元始二年（公元 2 年）提出为平帝议婚，打算乘机把自己的女儿配为帝后。为此，王莽展开了各种活动，终于达到了目的。

不久平帝去世。在议立新君时，元帝一系的子孙已经灭绝，宣帝一系有曾孙数十人，他们都已成人，不利于王莽篡位。王莽借口“兄弟不得相为君”，就在宣帝玄孙中挑了年仅二岁的刘子婴来继位，以便从中行奸。这时，王莽的党羽迎合王莽的意思，假造了一个刻有宣告安汉公莽为皇帝的符命石。王莽的党羽上奏王政君，王政君坚决反对：“这种诬告天下的事，不可施行。”然而，王政君经不住王莽党羽的蛊惑，糊涂的王政君竟然下令允准王莽“如周公故事”。至此，王莽名义上虽是“摄皇帝”，而其他一切礼仪、制度都无异于皇帝。

当了摄皇帝，他还想当真皇帝。王莽的党羽密谋弄假成真时，王莽“谦恭”的假面具被揭开，“巧伪人”的真面目暴露无遗。一些过去对王莽认识不清的人和部分汉室子弟开始觉察了王莽的野心，他们举行

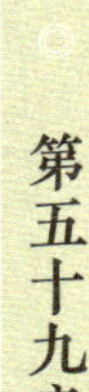

了好几次试图推翻王莽的起事和政变，但都没有成功。王莽的党羽把这些比为周公居摄时的“管蔡之变”，说什么“不遭此变，不章圣德”。但王莽心中明白，深恐夜长梦多，就在他“居摄”的第三年便匆匆忙忙公开篡位夺权了。当他派堂兄弟王舜去向王政君索要传国玉玺，准备位登大宝时，王政君才彻底地看清了王莽的真面目。她痛骂王莽和王舜，把传国玉玺狠狠地摔在地上。从此，王政君与王莽彻底决裂，退居深宫，仍穿汉家服饰，按汉廷旧制生活，以示坚守名节，不与王莽同流合污。公元 6 年，王莽正式称帝，封国号为“新”。至此，王莽彻底暴露了“大奸似忠”的真实面目。

第六十章

治大国，若烹小鲜[①]。以道莅[②]天下，其鬼不神[③]。非[④]其鬼不神，其神不伤人；非其神不伤人，圣人亦不伤人。夫两不相伤[⑤]，故德交归焉[⑥]。

注释

①小鲜：小鱼。

②莅（lì）：临。引申为管理。

③其鬼不神：鬼不起作用。鬼，指邪恶。

④非：不唯、不仅。

⑤两不相伤：鬼神和圣人不侵越人。

⑥故德交归焉：让人民享受德的恩泽。

译文

治理大国，就像煎烹一条小鱼，要掌握火候。用“道”管理天下，邪恶就起不了作用，不仅不起作用，而且也不侵害人。不但鬼神伤害不了人，圣人有道也不会伤害人。这样，鬼神和有道的圣人都不伤害人，就可以让人民享受到德的恩泽了。

解读

本章以烹制小鱼做比喻，形象、鲜明地强调了依法治国的重要性。

治国策略可以从烹制小鲜鱼的方法上得到启示。小鱼的骨刺和鱼肉相当，如果不加以烹煎的话，其食用价值很小。烹煎的目的在于使小鱼骨酥、肉鲜，才为人所用。达到这一目的的关键在于把握火候，做到骨

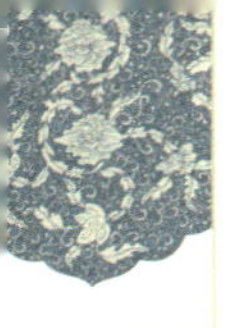

刺、鱼肉二者兼顾，既要把骨刺炸酥，又不能让鱼肉焦煳。这一道理用在治国上，就是要求统治者应掌握法律这一火候，运用法律手段，来处理政府官员和人民群众的关系，既不能搞无政府主义，也不能任凭政府官员利用职权去贪赃枉法，伤害人民。

在无道的社会里，恶人横行霸道，黑道势力猖獗，善良的劳动人民成了他们欺压伤害的对象。

在有道的社会里，圣人莅临天下，“以百姓之心为心”，高举正义之剑，横扫以害人为能事的牛鬼蛇神。不仅他们不敢害人，作为最高统治者的圣人也不去伤害人民。因为圣人是由人民推举产生的，圣人所持的尚方宝剑是由人民铸造并用来维护人民利益的。

圣人和他所领导的政府官员都不伤害人民，并为人民所爱戴，这是因为圣人施行的“无为之治”和“不言之教”，是以德合道，使道和德又一起回到人间。

只要天下有道，人民有德，则鬼神匿迹，社会安定。

【证解故事】

勾践，春秋末年越国国君。越王允常之子，又称菼执。公元前497—465年在位。曾被吴国击败，屈服求和。他卧薪尝胆刻苦图强，任用范蠡、文种等人整顿国政，10年生聚，10年教训，终于转弱为强，灭亡吴国。继在徐州（今山东省滕州市）大会诸侯，成为霸主。夫差，春秋末年吴国国君，吴王阖闾之子，公元前495—473年在位。初在夫椒打败越兵，乘胜攻破越都，迫使越王屈服，继开凿邗沟，以图向北发展，在艾陵（今山东省济南市莱芜区东北）大败齐兵。前482年，在黄池（今河南省新乡市封丘县西南）和诸侯会盟，与晋国争霸，越王乘虚入关都。后来越国再次兴兵攻灭吴国，逼他自杀。越王勾践在被吴国打败时，屈身为奴，服侍吴王夫差，后来被准许回国，卧薪尝胆，终于打败了吴国。勾践为什么能打败吴王夫差呢？其中有一个很关键的计

策，就是用了美人计。

勾践回到越国后，从国内搜集了大量的珍宝，还挑选了美女数千人，选出了两个最漂亮的女子，一个是西施，一个是郑旦，将这二女子进行训练，每日教她们歌舞，礼仪，然后送给吴王夫差。吴王夫差得到两个美女后，整天沉醉于美女怀中，不问政事。西施还趁机离间夫差和伍子胥的关系。伍子胥识破了越王的美人计，多次劝谏吴王，夫差不但不听，反而赐伍子胥以“属镂之剑”，逼伍子胥自刎。伍子胥按剑在手，叹道：“大王是让我自尽啊！”伍子胥徒跣下阶，立于中庭，仰天大呼：“天乎，天乎！昔日先主不欲立你，全靠我力争，你才得到了嗣位。我为你破楚败越，威加诸侯。今你不听忠言，反赐我死！今日死，明日越兵至，掘汝社稷矣。”他对家人说：“我死后，可抉我之目，悬于东门，以观越兵之入吴也！”说罢，自刎其喉而死。

夫差听手下人报告伍子胥的遗嘱，心中不快，亲往看其尸，冷笑说：“胥，一死之后，你还知道什么？”乃自断其头，置于盘门城楼之上；取其尸，盛以鸱夷之器，使人载去，投于江中。伍子胥含恨死去，使越国除掉了一个有力的对手，后来越国乘吴王夫差北上争霸，国内大旱的有利时机，一举灭了吴国，吴王夫差亦自杀。吴王夫差逼杀伍子胥，不是专制昏庸，又是什么呢？

英雄难过美人关，古今中外多少英雄豪杰，在战场上叱咤风云，但却被美人的石榴裙所迷惑，以至丧身灭国。商场上也一样，抓住对手的弱点，善用策略，才能取得最终的胜利。

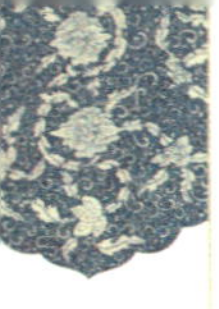

第六十一章

大邦者下流，天下之牝，天下之交[①]也。牝常以静胜牡，以静为下。故大邦以下小邦，则取小邦；小邦以下大邦，则取大邦。故或下以取，或下而取[②]。大邦不过欲兼畜人[③]，小邦不过欲入事人。夫两者各得其所欲，大者宜为下。

注释

①交：会集、会总。

②取：借为“聚”。

③兼畜人：把人聚在一起加以养护。

译文

一个大国，要居于天下的下游，使天下百川河流交汇在这里，处在天下雌柔所在的地方。雌柔常以安静守定而胜过雄强，这是因为它居于柔下的缘故。所以，大国对小国谦下，就可以取得小国的依赖；小国对大国谦下，就可以取信于大国。或者大国对小国谦让而取得信任，或者小国对大国谦让而见容于大国。大国与小国不过是“取”和“取于”的关系。大国想接纳吸收别国加入自己的联盟；小国则是加入别国的同盟。两方面各得所欲求的，大国特别应该居于下位。

解读

本章论述的是国际外交政策，大国和小国的和平共处原则。

大国守静处下，是符合客观规律的。如果大国能够以谦下守静之德

对待小国，就可以取得小国的拥护和归顺；倘若以强凌弱，以大欺小，就违背了自然法则，必被小国战胜。如果小国以柔和守静之德对待大国，则可以取得大国的尊重和保护；小国若不能遵守自然法则，躁动妄为，以小犯大，必然国破人亡。

不管是大国征服小国，还是小国征服大国，其前提条件都是守静谦下，即大国和小国的和平共处是建立在相互信任、相互尊重基础上的。大国取得小国的归顺，目的不过是为了让更多的人加入道德的行列，使道德之树不断成长和壮大。小国加入大国的行列，目的不过是同大国一道，共同促进道德的发扬，让道德普及天下。大国与小国的建交，既体现了共同的目标，又满足了各自的愿望。但是，在建交之初，大国更应该有大国的风度，以主动谦下之德去接纳小国。

所以，不论大国小国都必须建立在相互尊重的基础上，和平共处，共同造就人类社会的繁荣和稳定。

【证解故事】

司马绍当了皇帝后，有时喜欢微服私访。有一次他扮作商人模样，穿一件旧皮衣，肩上挂着个钱褡，来到安徽于湖一带。当时东晋叛臣王敦正驻扎在那里。

王敦手下的军士见来了一个走街串巷的商人，这商人不去集市酒楼，偏偏在军营附近转悠。于是军士们就盘问起这个商人来。司马绍毕竟不是商人，谈了一会儿，就在生意经上被问出许多破绽。然而他的文采、风度、气质却是一般商人不具有的。

军士们觉得这个商人不一般，好像是朝廷派来的探子。有一军士就向王敦报告了情况。王敦细细地盘问军士们，当听说此人长得高大魁梧、浓眉细眼、黄胡子，说话一口字正腔圆的京腔，就怀疑是司马绍微服私访。于是派出5名军官去追，并一再嘱咐要捉活的。

5名军官随着两名值勤军官追出了营门，但司马绍已不知去向。军

官们走到岔路口上，见路旁有一堆马粪，又见路边有一凉棚，有一卖茶水的老太太正忙着卖茶倒水。军官们决定向老太太打听。他们下马来到凉棚问："老人家，您可看见有一个高个子、长着黄胡子的人，骑马从这里路过？"卖茶水的老太太说："有这么一个人，从这里骑马走过。已经好长时间了，他还忘了一条鞭子，我给他拾起来，请你们转交他。"说着，老人拿出一条金光耀眼的镶嵌着七彩宝石的鞭子。"啊，是七宝鞭！"军官们又惊又喜地抢夺着。他们争着欣赏那件珍贵的皇帝用品，都想据为己有，在争吵中，时间已过了半个时辰。这时，他们突然想起了自己抓人的使命。他们又去观察那堆马粪，见马粪都凉了，觉得一定追不上了，于是就带着七宝鞭回军营交差去了。

原来，司马绍微服私访被盘查后，他预感到事情不妙，就飞身上马，逃出军营附近。但他深知，凭自己的骑术是绝对跑不过骑兵的。当他看到卖茶水的老太太时，忽然有了个缓兵之计。于是，他掏出二两银子给了老太太，又把自己的七宝鞭递给她，对老太太作了一番交代，又把马屁股后的一堆马粪浇上水，这才飞快地骑马跑了。当 5 名骑兵军官追来时，一切果然如晋明帝的安排，他们中了缓兵之计。司马绍争取了时间，顺利地回到京城。

司马绍这一招也确实惊险，实属侥幸脱险。试想如果那位素不相识的老奶奶一时起了贪念，将那七宝鞭据为己有，又怎能拖延追兵的脚步？日常生活中，我们还是要多给自己留下后路。

第六十二章

道者万物之奥[①]，善人之宝，不善人之所保[②]。美言可以市[③]，尊行可以加人[④]。人之不善，何弃之有？故立天子，置三公[⑤]，虽有拱璧以先驷马[⑥]，不如坐进[⑦]此道。古之所以贵此道者何？不曰：求以得[⑧]，有罪以免邪[⑨]？故为天下贵。

注释

①奥：藏，有庇荫之意。

②不善人之所保：不善之人也要保持它。

③美言可以市：美好的言辞，可以用作社交。

④加人：见重于人。

⑤三公：太师、太傅、太保。西周时期设立。

⑥拱璧以先驷马：拱璧，指双手捧着贵重的玉；驷马，四匹马驾的车。古代的献礼，轻物在先，重物在后。

⑦坐进：献上，进奉。

⑧求以得：有求就得到。

⑨有罪以免邪：有罪的人得到“道”，可以免去罪过。

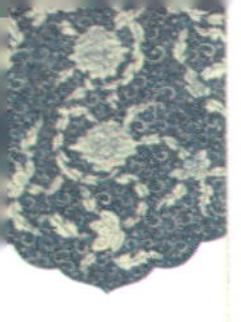

译文

“道”是万物的荫庇，善良的人珍贵它，不善的人也要受到它的庇护。美好的言辞可以用作社交，赢得尊重；高尚的行为可以见重于人。不善的人怎能舍弃它呢？所以在天子即位、设置三公的时候，虽然有拱璧可以先与驷马的献礼仪式，但不如把坚守的“道”献给他们。自古以来，人们所以珍视“道”，不正是由于求它庇护一定可以得到满足，犯了罪过也可得到宽恕吗？因此，天下人才把“道”当作珍宝。

解读

本章再一次宣扬“道”的好处和作用。指出世人在“道”面前应该一律平等。

道，蕴藏着宇宙万物存在和发展变化的奥妙。老子认为，清净无为的“道”，不但是善良之人的法宝，就是不善的人也必须拥有它。

善人得道，成为人生之至宝，获得人生幸福的大智大慧，终生受用不穷。

那些贪求外在功利的不善之人不可能得道，但是，为了获得极端个人利益，满足他们的人生欲望，又不得不借助于道来掩饰、保护自己。比如美丽动听的语言可以换回别人的尊敬，美好的行为可以获得别人的拥戴——刘备摔子，曹操割发，即属于“美言”“美行”。也正因为懂得“美言”“美行”，才成就了他们的帝王之尊，猎取了他们所追求的外在名利。

“道”保护善人，但也不抛弃不善之人，它有求必应，有过必除。所以天下人珍视“道”。

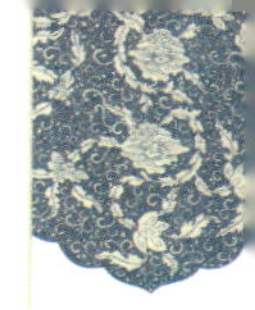

第六十三章

为无为[①]，事无事，味无味。大小多少[②]，报怨以德。图难于其易，为大于其细。天下难事，必作于易，天下大事，必作于细。是以圣人终不为大[③]，故能成其大。夫轻诺必寡信，多易必多难。是以圣人犹难之，故终无难矣。

注释

①为无为：此句意为把无为当作为。

②大小多少：大生于小，多起于少。另一解释是大的看作小，小的看作大，多的看作少，少的看作多，还有一说是，去其大，取其小，去其多，取其少。

③不为大：有道的人不自以为大。

译文

以无为的态度去作为，以不滋事的方法去处理事物，以无味当作有味。大生于小，多起于少，用德行来回报怨恨。处理难题要从容易的地方入手，实现远大目标要从细节入手。天下的难事，一定从简易的地方做起；天下所有重大的事，一定从微细的部分开端。有“道”的圣人始终不贪图大贡献，却能做成大事。那些轻易承诺的，必定信用不足；总把事情看轻，势必遇到很多困难。因此，圣人总是看重困难，所以就终究没有困难。

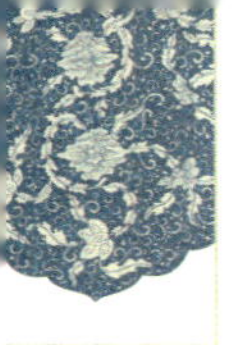

解读

本章论述了大小、多少、轻重、难易的辩证关系，并指明了解决这些矛盾的具体措施，即遵循事物发展的量变质变规律。

解决难题，要从最容易的开始，规划宏伟蓝图要从最小处着眼。国家那些很难解决的问题，必定都是因看似简单的事情引起的；国家所取得的巨大成就，必定都是从小事开始、一步一步实现的。所以，圣人治理国家自始至终所从事的看起来似乎都是一些小事，但也正是这些小事，才化解了国家的困难，把国家建设得繁荣富强，同时也铸就了圣人的伟大形象。

轻易许诺的人不慎重考虑问题，把问题看简单了，待到实际去做的时候，却发现不是他当初想象得那么容易，那么他就会失信于人。一旦失信，就很难再得到众人的帮助；得不到众人的帮助，困难就越多。所以“寡信”必会造成“多难”。而圣人做事总是举轻若重，慎终如始，这样一来，他就自始至终都不会有困难了。

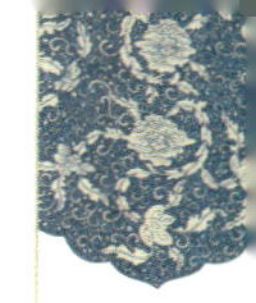

第六十四章

其安易持，其未兆易谋，其脆易泮[①]，其微易散。为之于未有，治之于未乱。合抱之木，生于毫末[②]；九层之台，起于累土[③]；千里之行，始于足下。为[④]者败之，执者失之。是以圣人无为故无败；无执故无失。民之从事，常于几成而败之。慎终如始，则无败事。是以圣人欲不欲，不贵难得之货。学不学[⑤]，复众人之所过。以辅万物之自然而不敢为。

注释

①泮（pàn）：散，消解。

②毫末：细小的萌芽。

③累土：堆土。

④为：强行干涉。

⑤学：这里指办事有错的教训。

译文

局面安定时容易保持，事变没有出现征兆时容易图谋；脆弱的时候容易消解；事物细微时容易消散；坏事要在它尚未成形以前就处理妥当；国家要在祸乱没有产生以前就早做治理。合抱的大树，生长于细小的萌芽；九层的高台，筑起于每一堆泥土；千里的行程，是从迈开第一步开始的。有所作为的将会招致失败，有所执着的将会失去所有。圣人无所干预，所以也不会招致失败，无所执着所以也不遭受损失。人们做事情，总是在快要成功时失败，所以，当事情快要结束时，也要像开始时那样小心谨慎，就没有办不成的事情。因此，有道的圣人向往人所不向往的，

不稀罕难得的财物，学习别人所不愿意学的，纠正众人的过错，遵循万物的自然本性而不会妄加干预。

解读

本章论述了人与自然、社会的关系。

一切事物的发展变化都有量变到质变的过程，只求质变而不注重量的积累是不切实际的。圣人之治的重点在于认识并遵循自然规律，始终遵循客观规律而为，防患于未然。如果不能自觉遵循客观规律，心存名利，执着于自我而胆大妄为，必然要遭到惩罚。而圣人始终不使自我居

于支配地位，所以不会丧失。

慎终如始十分重要，任何时候都不能偏离大道。如果在其接近成功的时候仍能保持举事之初的谨慎，就不会有失败了。如中国历史上的农民起义，往往在接近成功的时候遭到失败，病根就在于那些领袖人物当革命临近成功的时候思想发生了根本性的转化。举事之初，他们怀着对统治阶级的无比仇恨和对劳苦大众的深切同情而高举义旗，旨在为穷人打天下。革命即将成功的时候，他们却迫不及待地享受胜利果实，以至于内部之间争权夺利，导致革命失败。如李自成、洪秀全之流，倘若他们能够慎终如始并摆正自己与人民、与国家的利害关系，就不会出现失败的命运了。

人是属于大自然的，大自然的发展是有规律的，规律是不以人的主观意志为转移的。

第六十五章

古之善为道者，非以明[①]民，将以愚之[②]。民之难治，以其智[③]多。故以智治国，国之贼[④]；不以智治国，国之福。知此两者[⑤]亦稽式[⑥]。常知稽式，是谓玄德。玄德深矣，远矣，与物反矣[⑦]，然后乃至大顺[⑧]。

注释

①明：知晓巧诈。

②将以愚之：愚，敦厚朴实，没有巧诈之心。使老百姓无巧诈之心，敦厚朴实、善良忠厚。

③智：巧诈、奸诈，而非智慧、知识。

④贼：伤害的意思。

⑤两者：指上文"以智治国，国之贼；不以智治国，国之福"。

⑥稽式：法式、准则。

⑦与物反矣：反，通返。此句意为"德"和事物复归于真朴。

⑧大顺：即自然规律。

译文

古代那些善于为道的人，不是教导百姓聪明伪诈，而是让人民淳厚朴实。人们之所以难于管理，是因为他们的智巧心机太多。所以，用智巧来治理国家，就必然会危害国家，不用智巧治理，才是国家的福气。了解这两种治国方式的差别，就懂得了一个法则，经常了解这个法则，就叫作"玄德"。玄妙之德深沉又深远，和具体的事物复归到真朴，然后才能完全顺乎自然规律。

解读

本章论述了道德教育之于社会进步的重要性，而完善的社会制度是进行全民道德教育的基础。

老子的“愚民”思想实为明民之举，绝不是“愚民政策”。而是指扬弃自我之智而明真我，明真我才能明白世界，明白一切。以自我为中心，是个人主义、利己主义，是人心浮躁、社会纷乱的根源；以他人为中心，是集体主义、利他主义，是人心思定、天下大顺的根本。“非以明民，将以愚之”，是说要消除人们的个人主义、利己主义思想，培养人们的利他主义、集体主义思想，走共同富裕的道路。

“以智治国”，就是利用自我之智实行“人治”。所谓人治，就是由统治者垄断国家权力，搞专制统治，以一人之心或少数人之心统治全国人民，最大限度地满足统治者的欲望，这难道不是国家的最大祸害吗？“不以智治国”，就是实行“无为之治”即民主法治。实行民主法治必然“以百姓之心为心”。人民当家作主，享有充分的人权和自由，这自然是国家和人民的福气。

老子否定人治，肯定法治，强调“愚民”，旨在建立以集体主义为核心的道德观，反对极端个人主义和利己主义。

【证解故事】

宋朝的王安石和司马光二人非常投缘，两人在公元1019与1021年相继在同一机构担任完全一样的职务。两人互相倾慕，司马光仰慕王安石绝世的文才，王安石尊重司马光谦虚的人品，在同僚们中间，他们俩的友谊简直成了典范。

做官好像就是与人的本性相违背，王安石和司马光的官愈做愈大，心胸却慢慢地变得狭窄起来。相互唱和、互相赞美的两位老朋友却因此反目成仇。倒不是因为解不开的深仇大恨，人们都不相信，他们是因为互不相让而结怨。两位智者名人，成了两只好斗的公鸡，雄赳赳地傲

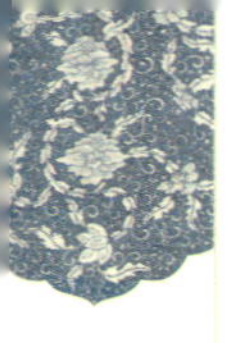

视对方。有一回，洛阳国色天香的牡丹花开，包拯邀集全体僚属饮酒赏花。席中包拯敬酒，官员们个个善饮，自然毫不推让，只有王安石和司马光酒量极差，待酒杯举到司马光面前时，司马光眉头一皱，仰着脖子把酒喝了，轮到王安石，王执意不喝，全场哗然，酒兴顿扫。司马光大有上当受骗，被人小看的感觉，于是喋喋不休地骂起王安石来。一个满脑子知识智慧的人，一旦动怒，开了骂戒，比一个泼妇更可怕。王安石以牙还牙，祖宗八代地痛骂司马光。自此两人结怨更深，王安石得了一个“拗相公”的称号，而司马光也没给人留下好印象，他忠厚宽容的形象大打折扣，以至于苏轼都骂他，给他取了个绰号叫“司马牛”。

到了晚年，王安石和司马光对他们早年的行为感到后悔，大概是人到老年，与世无争，心境平和，世事洞明，可以消除一切拗性与牛脾气。王安石曾对侄子说，以前交的许多朋友，都得罪了，其实司马光这个人是个忠厚长者。司马光也称赞王安石，夸他文章好，品德高，功劳大于过错，仿佛是有一种约定似的，两人在同一年的五个月之内相继归天，天国是美丽的，“拗相公”和“司马牛”尽可以在那里和和气气地做朋友，吟诗唱和了，什么政治斗争、利益冲突、性格相违，对他们来说已经变得毫无意义了。

第六十六章

江海之所以能为百谷王[1]者，以其善下之，故能为百谷王。是以圣人欲上民，必以言下之；欲先民，必以身后之。是以圣人处上而民不重[2]，处前而民不害，是以天下乐推而不厌。以其不争，故天下莫能与之争。

注释

①百谷王：百川峡谷所归附。王，统治者。

②重：累、不堪重负。

译文

江海所以能够成为众多河流所汇注的地方，是因为它善于处在地势低洼的地方，所以能够成为百川的统领。因此，圣人要领导人民，就要用言辞对人民表示甘居其下，要想领导百姓，必须让自己处于他们的后面。所以，有道的圣人虽然高高在上，而人民并不感到负担沉重；居于人民之前，而人民并不伤害他。天下的人民都乐意拥戴而不会厌倦。他不与人民相争，所以天下没有人能和他相争。

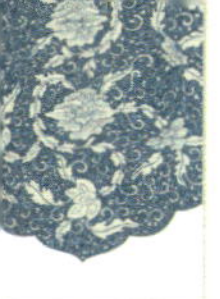

解读

本章是老子的民主思想。热情讴歌了实行民主法治的圣人，褒扬了圣人的伟大，并对不道的统治者进行了否定和抨击。

老子以江海比作圣人，认为圣人之所以能够成为百姓之王，是因为圣人具有谦下而不与百姓争权夺利的高尚品德。

圣人的权力不是凭借搞阴谋诡计得来的，也不是世袭继承来的，更不是独裁者“培养”和“选拔”的接班人，而是以实际行动赢得人民信任的结果。如果不能获取广大人民群众的信任，任何人都不可能和圣人争夺权力。在有道的社会里，统治者是由人民推举产生的，统治者的权力来源于人民。统治者的权力是扎根于人民的。想要领导人民，就必须把自己的利益放在他们的后面，言辞谦下。

那些为了个人名利而争权的人，人民决不会把权力授予他们。不争名利而争得民心，即是“不争之争”。“不争之争”，是争名争利者永远不可战胜的。

【证解故事】

晋文公是春秋时期的一位霸主，未即位时曾因争权而逃亡在外，历尽艰危险阻，吃尽苦头，几乎连命都丢掉，流亡了十九年，最后才复国。

在晋文公成为春秋霸主之时，翟（在今山东）这个地方有人进献给他一件很大的狐狸皮和豹皮，都是普通百姓穿不起的名贵之物。晋文公收到后十分感慨，长叹说：“狐狸和豹子活得好好的，也没犯什么过错，就这样被人给杀了，只是因为它的皮毛长得太漂亮，所以引来灾祸。真是可怜可叹啊。”

晋文公身边有一个叫架枝的大夫，曾经跟随他流亡多年，听到晋文公的感慨，就说道：“一个国家拥有广大的土地，可是分配得不够平

均；君主的内府里财帛那么多，可是并没有分配给百姓，所以百姓仍然没饭吃。这岂不是和被杀死的狐狸、豹子一样可悲吗？”他的意思是说，我们国家的土地很多，你私人的财富也很多，这就像狐狸和豹子的皮毛一样，华美而惹人惦记，说不定哪天就要因此招来灾祸啊。

晋文公是个聪明人，他听了架枝的话以后，就说：“你说得很有道理，请把话都讲出来，不要含含糊糊有所顾忌了。”

架枝就接着说：“地广而不平，就会引来百姓的怨恨，将来他们会为了争夺土地而起来替你分配的；你宫廷中财产那么多，只是聚敛在一起供自己享乐，而不是给社会谋福利，将来没饭吃没钱用的百姓就会来将你宫中的宝贝都拿走了。”也就是说，只有君主富有，而百姓穷困，那么当百姓生活过于困苦的时候，人们就会起来造反了，水能载舟，亦能覆舟，到时候君主就会被百姓给推翻，什么都将要失去了。

晋文公说：“你说得很对。”于是马上实施政治改革，“列地以分民，散财以赈贫”。

这也就是“以其善下之，故能为百谷王”的道理。

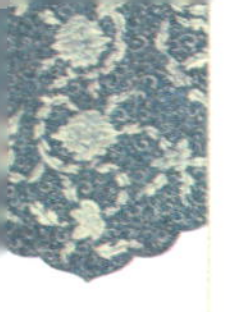

第六十七章

天下皆谓我道大[①]，似不肖[②]。夫唯大，故似不肖。若肖，久矣其细[③]也夫！我有三宝[④]，持而保之。一曰慈，二曰俭[⑤]，三曰不敢为天下先。慈故能勇[⑥]；俭故能广[⑦]；不敢为天下先，故能成器长[⑧]。今舍慈且[⑨]勇；舍俭且广；舍后且先，死矣！夫慈，以战则胜，以守则固，天将救之，以慈卫之。

注释

①我道大：道即我，我即道。"我"不是老子用作自称之词。

②肖：相似之意。

③细：渺小。

④三宝：三件法宝，或三条原则。

⑤俭：啬，保守，有而不尽用。

⑥慈故能勇：仁慈所以能勇武。

⑦广：大方，富裕。

⑧器长：器，指万物。万物的首长。

⑨且：取。

译文

天下人都说圣人伟大，好像不像任何具体的事物。正因为它伟大，所以才不像任何具体的事物。如果它相似了，那么"道"也就显得很渺小了。我有三件法宝，一直持有而且保全它：第一件叫作仁慈，第二件叫作节俭，第三件是不敢居于天下人的前面。柔慈让人勇武；俭啬使人

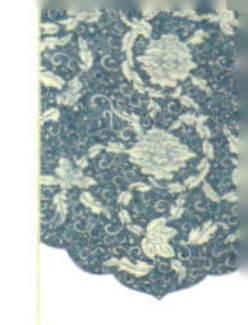

大方；不敢居于天下人之先，所以能成为天下人的首长。现在丢弃了柔慈而追求勇武，丢弃了啬俭而追求大方，舍弃退让而求争先，结果离死亡也就不远了。用慈爱来征战就能够胜利，用慈爱来守卫就能固守。上天要援助一个人，就会用柔慈之心来保护他。

解读

圣人伟大，而他平易近人的形象和以往人们心目中显赫的帝王形象不一样。正因为伟大，才和已往的帝王们不一样。如果和他们一样的话，那么，随着历史的发展、时代的变迁，也就逐渐变得渺小了。

圣人以慈、俭、不敢为天下先为宝。

慈是强调仁爱之心，知爱则知恨，爱得真切则恨得深切，恨深则勇往直前，慈，可以使士兵勇猛。俭是节约而不奢侈，收敛自我而不放纵欲望，顺乎道义而有所节制，用兵须小心谨慎，恪守道义，切莫逞一时之勇，以牺牲为代价，懂得爱兵才懂得用兵，爱兵必然兵足将广。不敢为天下先是以礼为德，守静谦下，进退有节，不锋芒毕露，不以自我为主宰。在关键时刻应以守为攻，以退为进。急躁冒进乃兵家之大忌，完全违背了作战规律，必败无疑。

以仁慈之心指导战争，不以牺牲为代价，始终保持优势兵力，这样一来，出战就能取得胜利，坚守也会十分牢固。仁慈之德合乎天地之道，合道则胜，违道则败。坚守仁慈之德，是立于不败之地的根本保证。

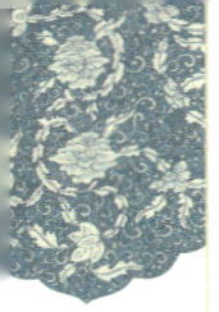

第六十八章

善为士[1]者，不武；善战者，不怒；善胜敌者，不与[2]；善用人者，为之下。是谓不争之德，是谓用人，是谓配天[3]，古之极也。

注释

①士：即武士，这里作将帅讲。

②不与：意为不争，不正面冲突。

③配天：符合自然的道理。

译文

善于带兵打仗的将帅，不崇尚武力；善于作战的人，不轻易激怒；善于胜敌的人，不与敌人交锋；善于用人的人，居于人下。这叫作不争强好胜的品德，这叫作使用别人的能力，这叫作符合天道，这是古人的最高准则。

解读

不逞强、不轻易动怒，不以感情用事，谦下、守静，是一种克制而不盲动，不争

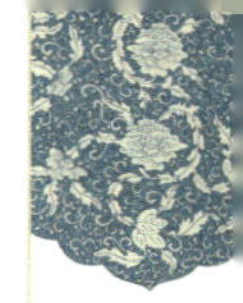

一时之勇的美德。三国时许褚赤膊上阵遭箭穿，就是武、怒的结局。

不争则守，守则敌动我静，动则必耗其力，我以逸待劳，以静制动，又以强大的兵力作后盾，自然可以取胜。这是最符合天地创始的规律的。

【证解故事】

春秋初期，楚国日益强盛，楚将子玉率师攻晋。楚国还胁迫陈、蔡、郑、许四个小国出兵，配合楚军作战，此时晋文公刚攻下依附楚国的曹国，深知晋楚之战迟早不可避免。

子玉率部浩浩荡荡向曹国进发，晋文公闻讯，分析了形势。他对这次战争的胜败没有把握，楚强晋弱，气势汹汹，他决定暂时后退，避其锋芒。于是对外假意说："当年我被迫逃亡。楚国先君对我以礼相待。我曾与他有约定，将来如我返回晋国，愿意两国修好。如果迫不得已，两国交兵，我定先退避三舍。现在，子玉伐我，我当实行诺言，先退三舍（古时一舍为三十里）。"他撤退九十里，仗着临黄河，靠太行山，相信足以御敌。他又在事先派人往秦国和齐国求助。

子玉率部追到城濮，晋文公早已严阵以待。晋文公已探知楚国左、中、右三军，以右军最薄弱，右军前头为陈、蔡士兵，他们本是被胁迫而来，并无斗志。子玉命令左右军先进，中军继之。楚右军直扑晋军，晋军忽然撤退，陈、蔡军的将官以为晋军惧怕，才要逃跑，就紧追不舍。忽然晋军中杀出一支军队，驾车的马都蒙上老虎皮。陈、蔡军的战马以为是真虎，吓得乱蹦乱跳，转头就跑，骑兵哪里控制得住。楚右军大败。晋文公派士兵假扮陈、蔡军士，向子玉报捷："右师已胜，元帅赶快进兵。"子玉登车望，晋军后方烟尘蔽天，他大笑道："晋军不堪一击。"其实，这是晋军诱敌之计，他们在马后绑上树枝，来往奔跑，故意弄得烟尘蔽日，制造假象。子玉急命左军并力前进。晋军上军故意打着帅旗，往后撤退。楚左军又陷于晋国伏圈内，遭到歼灭。等子玉率中军赶

到，晋军三军合力，已把子玉团团围住。

子玉这才发现，右军、左军都已被歼，自己已陷重围，急令突围。虽然他在猛将成大心的护卫下，逃了性命，但部队伤亡惨重，只得悻悻回国。

应变之计极多，但三十六计，有时还是走为上计。

走为上，指在敌我力量悬殊的不利形势下，采取有计划地主动撤退，避开强敌，寻找战机，以退为进。这在谋略中也应是上策。

这则故事中晋文公的几次撤退，都不是消极逃跑，而是主动退却，寻找或制造战机。所以，“走”，是上策。

第六十九章

用兵有言，吾不敢为主[①]，而为客[②]，不敢进寸，而退尺。是谓行[③]无行，攘无臂[④]，扔[⑤]无敌，执无兵[⑥]。祸莫大于轻敌，轻敌几丧吾宝。故抗兵相若[⑦]，哀[⑧]者胜矣。

注释

①为主：主动进攻，进犯敌人。

②为客：被动退守，不得已而应敌。

③行：行列，阵势。

④攘无臂：意为虽然要奋臂，却像没有臂膀可举一样。

⑤扔：对抗。

⑥执无兵：兵，兵器。意为：虽然有兵器，却像没有兵器可执。

⑦抗兵相若：意为两军相当，势均力敌。

⑧哀：悲愤。

译文

用兵的人曾说，“我不敢主动进攻，而被动应战；不敢前进一步，而宁可后退一步。”这就叫摆起阵来，却像没有阵势可摆一样；虽然要举起手臂，却像没有臂膀可举一样；即将交战，却像没有敌人可打一样；虽然手握兵器，却像没有兵器可以执握一样。祸患再没有比轻敌更大的了，轻敌会丧失我的“三宝”。所以，两军势均力敌的时候，悲愤的一方肯定能获得胜利。

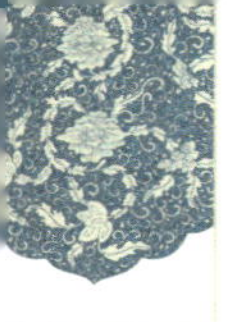

解读

本章是老子的用兵之道。慈、俭、不敢为天下先是用兵者最根本的指导思想。

凡用兵交战，有进有退，当进则进，当退则退。进也不是因为逞强、恼怒，只为取得战果；退则审时度势，是为保存优势兵力，绝不做无谓的牺牲。不仅如此，还要敌动我静，以静制动，以逸待劳，防止陷入敌人的包围圈。

轻敌思想是用兵的最大祸患。轻敌必骄，骄兵必败。所以要抛弃轻敌意识。两军相抗，兵力相当，有哀悯之心的一方取胜。

以“三宝”为指导思想的是仁义之师、正义之师。自古正义战胜邪恶，以争、贪为目的的侵略战争必然以失败而告终。

【证解故事】

公元前686年，齐襄公在国内叛乱中被杀。大夫高傒与侨居莒国的公子小白关系很好，于是他派人前往莒国，迎接公子小白回国做国君。然而，此时齐襄公的另一个儿子公子纠也由旅居的鲁国派军队送其回国抢位，并且还分拨管仲带领军队在半路上拦截从莒国来的小白。

管仲领兵昼夜兼程，来到公子小白必经之地即墨，一打听，小白的车队已经过去。于是，管仲带着人马迅速追赶，行了三十余里，见小白的队伍正在停车做饭。管仲面带笑容上前同小白打招呼：“公子近来身体可好？现在要到哪里去？”小白回答道：“回去为父亲治丧。”管仲说：“公子纠是长子，应该主丧，不必劳您去辛苦了。”小白没有应答，其随从人员个个横眉怒目，准备动武。管仲恐怕自己寡不敌众，就假装退走，在暗中却突然弯弓搭箭，对准小白射了过来。只见小白大叫一声，口吐鲜血，倒在乘坐的车上。小白的随从人员一齐啼哭起来，管仲见射倒了小白，便拨转马头，飞快地去向公子纠报信。在路上，管仲感叹道：“公子纠有福，合该为君！”公子纠一队人马知道小白已被射死，就

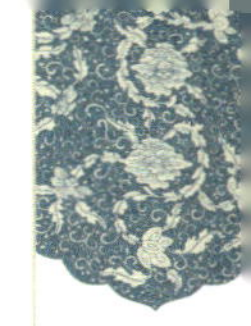

悠然自得地在路上慢慢行走，过了六天才到达国都临淄。

可是，这时小白已经登基当上了国君，称为齐桓公。公子小白被管仲一箭射死，怎么又复活了呢？原来，管仲的这一箭正好射在小白腰间的带钩上。古人宽衣博带，带端有一个用青铜做的钩，称作带钩，一般长约三寸，宽一寸左右；其作用同现今人们的腰带扣一样。管仲射来的箭虽然没有使小白受伤，但小白恐怕管仲再射，于是急中生智，咬破舌尖，口喷鲜血，装死倒在车上，从而麻痹了管仲。等管仲走后，小白连忙换上普通人的服装，带领随行人马抄小路星夜兼程。快到都城临淄时，小白派能言善辩的鲍叔牙先进城说服诸位大夫。鲍叔牙在众大夫面前历数了公子小白的贤明，取得了大夫们的认可。然后，大家出城迎接公子小白即王位。

公子小白之所以能抢在异母兄、长子纠的前面登上王位，在于他临机应变，采用示假隐真、虚实并用的计谋，战胜了居心叵测的公子纠，得到了至高无上的王位。

对待老实人，我们要坚决奉行以实打实，将心比心的做法，然而对待那些奸诈、叵测的竞争对手，我们不妨来点儿虚实并进，在虚虚实实中挫败对手。

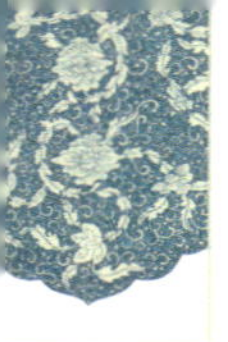

第七十章

吾言甚易知，甚易行。天下莫能知，莫能行。言有宗[①]，事有君[②]。夫唯无知[③]，是以不我知。知我者希，则[④]我者贵，是以圣人被褐[⑤]而怀玉[⑥]。

注释

①宗：主旨。

②君：根据。

③无知：指别人不理解。一说指自己无知。

④则：法则。此处用作动词，意为效法。

⑤褐（hè）：粗布。

⑥怀玉：玉，美玉，此处引申为知识和才能。“怀玉”意为怀揣着知识和才能。

译文

我的话很容易懂，很容易施行。但是天下竟没有谁能理解，没有谁可以实行。言论有宗旨，行事有根据。正由于人们不理解“道”，因此才不懂得我。能理解我的人很少，那么能取法于我的人就更难得了。因此，圣人往往穿着粗布衣服却怀揣着美玉。

解读

大道至深至奥，却又简明易行。问题的关键在于所遵循的认识路线。大道隐藏于自身，只有求之于内，才能认识世界的本质规律。世人执着于对外部世界的认识，老子则执着于对自我的认识。

自我认知是对现象世界的认识，是肤浅的、主观片面的；真我认知是对世界本质的认识，是深刻的、客观全面的。

人们的人生观和价值观是受世界观支配的，一切言论必须以世界的本原为宗旨。人类的一切实践活动必须遵循自然规律，接受自然规律的主宰。

人们没有真知的唯一原因是不能以真我来认知世界，认识真我的人很少，能够效法真我亦即用真我来规范自我的人最可贵。圣人之所以成为圣人，是因为圣人关注的不是表面现象而是内在实质。

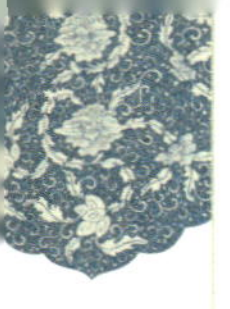

第七十一章

知不知[1]，尚矣；不知知[2]，病也。圣人不病，以其病病[3]。夫唯病病，是以不病。

注释

①知不知：知道自己有所不知。

②不知知：不知道却自以为知道。

③病病：病，毛病、弊病。把病当作病。

译文

知道自己还有所不知，这是高明的境界。不知道却自以为知道，这就是很病态的表现。有道的圣人没有这种毛病，因为他把缺点当作灾祸。正因为他把缺点当作灾祸，所以，他没有缺点。

解读

人无完人，但是不懂装懂，是一种病态。其表现是刚愎自用。老子认为，能够认识自己才算高明。

圣人本身也不是完美的，但是圣人有自知之明，能够认识到自己不是没有缺点和不足，而且承认这些，并努力加以改正，所以圣人的品德日臻完善，逐渐成为众人学习的楷模。

而刚愎者最大的缺点就是自以为是，他们认为自己的判断是完美无缺的，常常骄横跋扈、一意孤行。他们往往高估自己而低估对手，这样就容易被表面的假象所蒙蔽，导致判断失误，遭遇失败。

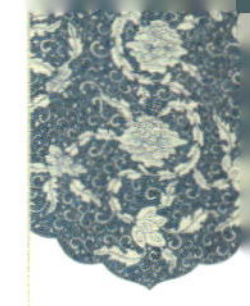

世间万事万物都处在不断地发展变化之中，只有根据事物的发展变化，认识承认自己的不足，及时调整自己的计划策略，才能处处掌握主动权，使自己立于不败之地。

认识上的弊病是产生自身疾病和社会疾病的主要原因。要消除一切疾病，必须首先消除认识上的弊病，只有真正做到自知了，才不会固执己见、自以为是。

【证解故事】

宋朝年间，江西泰和县有个吏胥，为人非常奸刁狡诈，是个心术不正、唯利是图的家伙。每有新县令上任，这个吏胥就诱唆县民，成群结队地到县府告状，而且，所告之事都是些莫名其妙、鸡毛蒜皮的琐事。

起初，有些县令还逐一过问，可是，这些烦琐小事，处理起来很复杂，弄得县令心中生烦，只能草草了事。后来，有个县令索性将这些案子，统统交与吏胥经办，这正是他希望的结果。大权在握的吏胥，便贪赃枉法，为非作歹，大捞其财。老百姓敢怒不敢言，县令也往往因此在泰和县当不下去，而纷纷调离。这样一来，倒成了这个吏胥大捞不义之财的途径。

后来，朝廷派葛源到泰和县任县令，吏胥故伎重演，乘葛源新来乍到之际，又纠集了数百人到县府起哄，也想让葛源钻进他的怪圈。颇具心计的葛源，对这个吏胥的行为早有所闻，他准备整治一下这个恶吏胥。第一天上堂料理公务，门外便传来了纷杂的叫闹声，一群群的告状之人涌进堂内，他们七嘴八舌、乱哄哄地一片什么也听不清。葛源怒火陡升，一拍惊堂木，厉声喝道："肃静！此乃公堂，何以如此毫无规矩！伸冤诉屈，亦得有个秩序，这成何体统？"众人被葛源如此一喝，顿时哑了口，大堂上安静了。

葛源威严地扫了一下人群，吩咐道："所有状子依序交上。告状人分两边站好，待本官静心阅后，再做论断！"

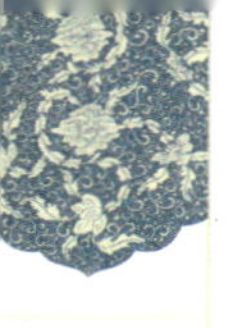

众人听后依次而站，手下收了状子呈递上去，葛源阅了几张后，言道：“依照规矩，状子应以事实为主，可这些状子所述事实，模糊不清，本官难以判断，请你们当堂重写。”说完，命手下将纸笔分发下去。有些不认字的人，便叫吏胥代笔。

不多时，状子收上。令葛源生疑的是，大多状子内容，居然与先前的内容不一样，而那吏胥代笔的几张，其笔迹和先前收上的几张又同出一手。葛源稍加分析，心中的疑虑就解开了。查明了真相，才能整治这个吏胥。于是，葛源重重地拍了下惊堂木，大怒道：“听着！你们所写之状前后矛盾，纯属有意戏弄本官！来人，将他们押下，重重责打！”

众人一听，霎时吓得纷纷跪地求饶：“大人饶恕，此状并非我们要告，是吏胥老爷所逼而来！”一旁的吏胥恼羞成怒，刚要分辩，葛源立即命人将其拿下，经审讯吏胥只得认罪。

新官上任的葛源，这第一把火就烧出了威望和名声。泰和县的奸诈之辈再不敢为非作歹了。

葛源从那些闹事的村民身上着手，寻机会使其露出破绽抓住幕后主使，从而得以将吏胥惩治。

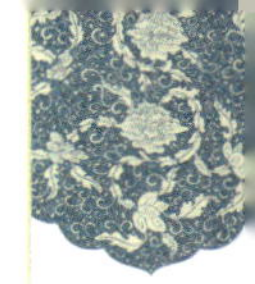

第七十二章

民不畏威[1]，则大威[2]至，无狎[3]其所居，无厌[4]其所生。夫唯不厌[5]，是以不厌。是以圣人自知不自见[6]；自爱不自贵[7]。故去彼取此[8]。

注释

①威：指统治者的镇压和威慑。

②威：此处的威是指人民的反抗斗争。

③狎（xiá）：通“狭”，意为压迫、逼迫。

④厌：指压迫、阻塞的意思。

⑤厌：这个厌指人民对统治者的厌恶、反抗斗争。

⑥不自见：不自我表现，不自我显示。

⑦不自贵：指圣人不自显高贵。

⑧去彼取此：指舍去“自见”“自贵”，而取“自知”“自爱”。

译文

当百姓不怕统治者的威压时，那么，可怕的祸乱就要到来了。不要让人民居无所处，不要阻塞人民谋生的道路。不压迫人民，人民就不会反抗统治者。因此，圣人有自知之明，而且也不表现自己；爱惜自己，却不自以为高贵。所以要舍弃后者而选择前者。

解读

本章歌颂了圣人的自知、自爱精神，告诫统治者，不要无视人民的力量，否则，必被人民推翻。

法律本来是对付社会上那些损害人民利益的不法之徒的，当法律成为剥削和压迫人民，维护统治阶级利益的工具时，法律本身就代表了邪恶。一旦人民不堪承受剥削和压迫，向反动势力以死抗争的时候，统治阶级的末日也就到了。

哪里有压迫，哪里就有反抗。当人们一旦感到生活无望、生不如死的时候，就会以死相拼，去反抗腐朽的统治阶级。纵观历史，不论是奴隶社会还是封建社会，国家分分合合，每一个王朝都不是永久的。反动统治一旦出现无法挽回的政治危机，就会被一个新的朝代所代替。这一历史现象产生的根源就在于统治者“以智治国”，实行利己主义。只有实行“无为之治”，让权力永远属于人民，社会才能永远安定，人民才会永远富足。

所以，圣人取自知、自爱，舍弃自见、自贵。

【证解故事】

范仲淹说：“先天下之忧而忧，后天下之乐而乐。”他确实是事事处处都能从民众利益而不是一己之私出发，后人对此是有口皆碑的。

兹举范仲淹的两个故事：

其一：范仲淹在庆历年间施行新政，措施之一是派一批“按察使”巡回各地作视察，视察内容包括了对各地官吏的政绩的考察，然后再根据这种考察的结果，罢免那些不能胜任的官员，把他们的名字从官员登记簿上抹去。

有个朝中重臣，就劝范仲淹少勾一些，说：“你一笔勾掉一个名字容易，但是，被勾掉名字的官员及其一家人生活怎么办。”范仲淹马上予以反驳：“一家人哭，怎么比得一路（‘路’在宋朝相当于现在的省的编制）人哭呀！”他依然不改初衷。

第二个故事：以前，苏州有个街名叫“卧龙街”。其得名的缘起，就跟范仲淹有关。原来，范仲淹在苏州为官时，一位风水先生认为此街

的南头为龙头，北头为龙尾，所以就建议他建房于街南，如此，则可保范家的子孙世代进科中举，世代有功名富贵。

不料范仲淹却予以断然地拒绝。范仲淹说道：我一家的世代富贵，哪里比得上本地士大夫知识分子们的世代富贵呢？

所以，范仲淹就命人在该街的南头建孔庙，设府学，并大力聘请当时的名儒来此讲学，先后培养出了不少益国益民的才子，此地也就被众人视为藏龙卧虎之地，并称之为“卧龙街”。

因此，当官从政的最高原则就是造福于民。即使因此得罪于权贵，也不能违背自己的良心，更不能违背人的常情。

为民负责，为民做主，才是为官的正道，品行修炼的正途，这样才能被百姓称赞，受万世敬仰。

李允祯，山东德州人，顺治元年（1644 年）任直隶故城县知县。该县旧丁口册载 16 岁以上男丁一万多，经过战火摧残，编审实丁只有七千多一点，可是仍按旧册数目征兵纳税。允祯正要行文上司照实丁计征，忽接调令去江南丰县任知县。人们劝他这里的事就别管了，他慨然说道：“我还没有交差，要负责到底。”于是在县府庭院召集县民。当众焚烧旧丁口册，连夜赶造新册，申请省府审批。由于他的实事求是，虽然他调走了，故城的百姓因此没交浮粮，都对他感恩戴德。

后来他到丰县任职。有一年黄河决口，上级命令丰县征集柳条上万捆，县吏建议由各里甲办理送去。允祯说道：“你们倒舒服，可是想没想老百姓就要鸡犬不宁了！县城西郊十里左右就是一大片柳林，无主的就可以砍伐，让有牛车户运输，由官家按时价租赁，你们照此速办。”果然，上级交给的任务只用了不到十天就完成了。

丰县当地有个大土豪，一直想霸占别人的妻子，用重金买通死囚犯供某人同伙，某人已入狱，受重刑快死了。允祯查案卷觉得有冤，晚上微服进牢房，慢慢从犯人口中获得狱吏与土豪相互为奸的情况，又从社会上调查出该案原委，于是马上释放某人，对土豪和狱吏依法处置。

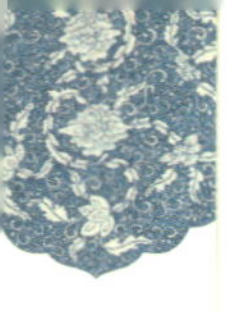

第七十三章

勇于敢则杀[①]，勇于不敢则活。此两者，或利或害[②]。天之所恶，孰知其故？是以圣人犹难之[③]。天之道[④]，不争而善胜，不言而善应，不召而自来，缂然[⑤]而善谋。天网恢恢[⑥]，疏而不失[⑦]。

注释

①勇于敢则杀：敢，勇敢、坚强。此句意为勇于坚强就会死。

②或利或害：勇于柔弱则利，勇于坚强则害。

③是以圣人犹难之：此句已见于六十三章。

④天之道：指自然的规律。

⑤缂（chǎn）然：安然、坦然。

⑥恢恢：广大、宽广无边。

⑦疏而不失：虽然宽疏但并不漏失。

译文

勇于坚强就会遭遇死境，勇于柔弱就可以存活，这两种表现，有的得利，有的受害。上天所厌恶的东西，谁知道是什么原因？圣人也难以把握。自然的规律是，不争但善于取胜，不说而善于回应，不召唤而自动到来，胸怀坦荡而善于筹划。自然的范围，宽广无边，稀疏但并不会有漏洞。

解读

本章号召有识之士在统治阶级处于政治危机之时，顺应历史发展的潮流，伺机而动，揭竿而起，为人民而斗争。

处于社会最下层的受苦受难的劳动人民，相对于强大的统治阶级而言是软弱的，但是一旦统治者腐败到极端，致使民不聊生，就会有勇敢的人变得坚强不屈、视死如归、站出来为民请命，与腐朽的统治阶级进行抗争。

不过，最初这些人舍生取义，以人民的利益为重，却往往遭受杀身之祸。相反，那些贪生怕死的人却能苟且偷安地活下来。圣人认为：一方面，反动派不甘心失去他们的统治地位，必然做垂死挣扎，对反抗他们的人大开杀戒。另一方面，不推翻腐朽的反动统治，大道就难以推行，社会就难以发展，人民就永远饱受苦难。然而，有勇无谋，莽撞行事，不但劳而无功，还会遭到反动势力的血腥镇压，使更多的人惨遭杀害。所以在与反动派的斗争中，应当沉着冷静，不可做无谓的牺牲。

胸怀天地之志的圣人，要想拯救人民于水火，完成推翻不道统治的天道事业，就必须遵循自然规律。

人民群众的普遍觉醒，是取得革命胜利的保证。善于取胜的圣人不争一时之勇而在于争得民心。沉着冷静，审时度势，运筹帷幄，广泛发动群众，壮大革命力量，并且伺机而动。用实际行动体现革命的公平、正义，让广大革命群众得到实际利益，看到希望，这样一来，人民群众自

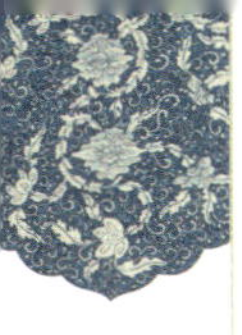

然纷纷响应。高举道的大旗，天下英雄豪杰就会不召自来。

随着革命队伍的壮大，人才的云集，圣人心地坦然而不顾虑自己的得失，推选有勇有谋之士担任军队的各级将领，绝不是任人唯亲，拉帮结派，各占山头。

历史是由人民来写的，不管时代多么久远，历史决不会忘记每一个有功于人们的人，同时，那些人民的罪人永远也逃脱不掉历史的审判。

第七十四章

民不畏死，奈何以死惧之？若使民常畏死，而为奇[①]者，吾得将执[②]而杀之，孰敢？常有司杀者[③]杀，夫代司杀者[④]杀，是谓代大匠斫[⑤]。夫代大匠斫者，希有不伤其手矣。

注释

①奇：奇诡、邪恶。

②执：拘押，抓起来。

③司杀者：指专管杀人的人。此处应该是指自然。

④代司杀者：代替专管杀人的人。

⑤斫（zhuó）：砍削，用刀斧砍。

译文

百姓不畏惧死亡，为什么用死来震慑他们呢？假如人民真的害怕死亡的话，对于做坏事的人，就把他抓来杀掉，谁还敢这么做？经常有专管杀人的人去执行杀人的任务，代替专管杀人的人去杀人，就好比代替能工巧匠去砍木头，那代替高明的木匠干活的人，没有不伤到自己的。

解读

如果统治者昏庸无道，社会就会动荡不安。统治者为了满足自己的欲望，施行苛政，甚至不惜伤害人民的性命，视百姓的生命如草芥。当百姓身处水深火热之中，朝不保夕，那么对于他们来说死反而成了解脱，所以他们也就不惧怕死亡了。一旦人民不再畏惧死亡，那么国家的严刑

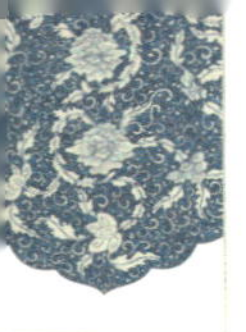

峻法也就无法发挥作用了，或者说它不再有威慑力了。如此一来，那些作奸犯科之徒就更加肆无忌惮了，而国家势必更加混乱，统治者也将面临被颠覆的危险。

统治者只有以人民为重，善待养育百姓，使百姓丰衣足食、安居乐业，如此一来，人心定则国家定。圣人懂得爱护百姓，以道感化百姓，以法规范百姓，使人们爱惜生命，对法律有敬畏之心，就会安分守己，国家就会安定。而为官者应各司其职，不要做任何越俎代庖的行为，否则就会危害国家，还会伤及自己。

【证解故事】

武则天执政整整半个世纪，对于唐代社会的发展有着重要的影响。这里，仅择数事，以见其“忧劳天下”“不敢爱身”之处。

武则天十四岁进宫封为才人。唐太宗死后，出宫为尼。高宗永徽三年再入宫，封为昭仪。六年，为皇后。由于百司奏事，皇后决之，“处事皆称旨”，显庆五年高宗“始委以政事”。至麟德元年，高宗视朝，武后“垂帘于后，政无大小，皆预闻之”，“中外谓之二圣”。

武则天“预闻”朝政之后，首先考虑的便是安定天下，劝课农桑。咸亨元年，四十余州遭虫、霜、旱灾，百姓饥馑，关中尤甚，朝廷急调江南谷米赈济。武后对灾情表示出极大的关注，以致要求避位，冀以减轻灾害。上元年间，她连年亲祀蚕神，以示重视农桑。同时，上书高宗，提出著名的“建言十二事”：

一、劝农桑，薄赋徭。二、给复三辅地。三、息兵以道德化天下。四、南北中尚禁浮巧。五、省功费力役。六、广言路。七、杜谗口。八、公王以降皆习《老子》。九、父在为母服齐衰三年。十、上元（年号）前勋官已给告身（委任状）者，无追核。十一、京官八品以上益禀入。十二、百官任事久，材高位下者得进阶申滞。

前五条都是属于劝农、安定的内容，高宗下诏实施，收到较为显著

的效果。仪凤三年大旱，高宗、武后避正殿。武后更亲自审阅案卷，亲自批复，释赦无辜。

弘道元年，高宗卒，武后临朝执政。经过一番努力，使动乱的社会安定下来。一天，她对群臣言道："朕辅先帝逾三十年，忧劳天下……先帝弃群臣，以社稷为托，朕不敢爱身，而知爱人。"她在平定了裴炎、徐敬业、程务挺等人的叛乱，稳定了朝政之后，紧接着又于垂拱二年，正月编成《兆人本业记》，颁发各道，鼓励发展农业生产。由于社会安定，农业发展，人口增长较快。永徽三年，全国三百八十万户，到神龙元年增至六百一十五万户。

武则天"躬勤"的另一重要政务便是广开言路，招揽人才。垂拱元年二月，下令：西朝堂的登闻鼓、东朝堂的肺石，不再派人看守，不论什么人都可以击鼓或立石，表示有意见向朝廷外申诉，御史必须受理。第二年，更铸铜匦置于朝堂，接受天下上书。其中，一曰"招谏"，凡言朝政得失的，都可投入；一曰"申冤"，凡有冤抑者，皆可投入，设专人受理。这两项措施，保证了下情上达，打通了上下闭塞的状况。一些重要的建言或冤情，武则天都要亲自处理。天授元年，武则天登基为女皇。这一年，她亲自考试举人于洛阳洛城殿，贡士殿试的制度自此始。长寿二年正月，武则天又面见了诸道巡抚使所举荐的人才，分别试用，试官制度由此始。于是，一些地位低下的人才通过试官制度，得以发挥其才智，进位将相。相反，对于那些不称职的试官，一经发现，立即罢免。至于冒充人才，混入官场者，则加刑诛。由于武则天能够"明察善断"，"故当时英贤亦竞为之用"。

武则天执政五十年间，共用宰相七十八个。刘仁轨、狄仁杰、娄师德、徐有功等，都是有功于国于民的正派能臣。玄宗时的名相姚崇、宋璟，也是武则天亲自选拔上来的。长安二年，已年近八旬的武则天，仍然不忘选拔人才。正月，又新设武举之制，以选将帅之才。武举制度，亦自此始。"安史之乱"中为李唐皇室所倚重的郭子仪，便是武举出身

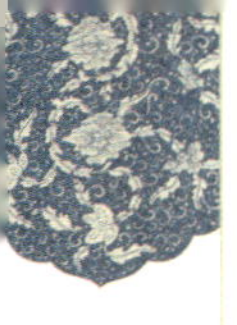

而成为国之栋梁的。德宗时的名相陆贽，对于武则天拔擢人才有两句评语，十分恰当："进用不疑，访求无倦。"

武则天所表现出的"不敢爱身，而知爱人"之情以及为人才"访求无倦"的做法，既表明她是一位"忧劳天下"的女皇，又使后人可以从中汲取某种养分。

第七十五章

民之饥，以其上食税之多，是以饥。民之难治，以其上之有为[①]，是以难治。民之轻死，以其上求生之厚[②]，是以轻死。夫虽无以生为[③]者，是贤[④]于贵生[⑤]。

注释

①有为：繁苛的政治，指统治者的妄为。

②以其上求生之厚：由于统治者奉养过于丰厚奢侈。

③无以生为：不要使生活上的奉养过分奢侈丰厚。

④贤：胜过。

⑤贵生：厚养生命。

译文

人民所以遭受饥饿，就是因为统治者征收赋税太多，所以才陷于饥饿。百姓之所以难于管理，是由于统治者政令繁苛、强加干涉。人民之所以轻生冒死，是由于统治者奉养奢侈，过分搜刮民脂，所以人民觉得死了不算什么。只有不追求享受、顺势而为的人，才比过分奉养自己生命的人高明。

解读

本章揭示出统治者重利忘义、贵己贱民、损人利己的不道行为，是社会罪恶的根源，归结出只有以人民的利益为重，让权力永远属于人民的人，才是贤明的圣人。

劳动人民之所以难以治理，在于统治者实行垄断权力的有为之治即人治。无视人民的智慧和力量，依仗自己的智力实行独裁统治，就会使用残酷的剥削使百姓遭受饥荒，使用繁多苛捐杂税，使百姓没有积蓄。面对无道的统治者，失去一切权利的人民必然要作各种各样的斗争，国家自然难以治理。

劳动人民之所以轻视死亡，敢于和统治阶级作针锋相对的斗争，是因为统治者贪得无厌，只满足自己奢侈的生活，而不顾及劳动人民的死活。统治者厚己，必薄人民，所以，人民才敢于和统治阶级以死相拼。

只有那些不以厚待自己的生命为人生目的，而是全心全意为人民服务的人，才是真正贤于以自我生命为贵的人。

【证解故事】

唐朝的宰相卢怀慎清正廉洁，不搜刮钱财，他的住宅和家里的陈设用具都非常简陋。他当官以后，身份高贵，妻子和儿女仍免不了经常挨饿受冻，但是他对待亲戚朋友却非常大方。

他在东都（洛阳）担当负责选拔官吏的重要公务，可是随身的行李只是一只布口袋。他担任黄门监兼吏部尚书期间，病了很长时间。宋璟和卢从愿经常去探望他。卢怀慎躺在一张薄薄的破竹席上，门上连个门帘也没有，遇到刮风下雨，只好用席子遮挡。卢怀慎平素很器重宋璟和卢从愿，看到他们俩来了，心里非常高兴，留他们待了很长时间，并叫家里人准备饭菜，端上来的只有两瓦盆蒸豆和几根青菜，此外什么也没有。卢怀慎握着宋璟和卢从愿两个人的手说："你们两个人一定会当官治理国家，皇帝寻求人才和治理国家的策略很急迫。但是统治的时间长了，皇帝身边的大臣就会有所懈怠，这时就会有小人乘机接近讨好皇帝，你们两个人一定要记住。"过了没几天，卢怀慎就死了，他在病危的时候，曾经写了一个报告，向皇帝推荐宋璟、卢从愿、李杰和李朝隐。皇帝看了报告，对他更加惋惜。

安葬卢怀慎的时候，因为他平时没有积蓄，所以只好叫一个老仆人做了一锅粥给帮助办理丧事的人吃。玄宗皇帝到城南打猎，来到一片破旧的房舍之间，有一户人家简陋的院子里，似乎正在举行什么仪式，便派人骑马去询问，那人回来报告说："那里在举行卢怀慎死亡两周年的祭礼，正在吃斋饭。"玄宗于是赏赐细绢帛，并因此停止了打猎。

另外人们传说：卢怀慎去世时，他的夫人崔氏不让女儿哭喊，对他们说："你们的父亲没死，我知道。你们的父亲清正廉洁，不争名利，谦虚退让，各地赠送的东西，他一点也不肯接受。他与张说同时当宰相，如今张说收受的钱物堆积如山，人还活着，而奢侈和勤俭的报应怎么会是虚假的呢？"到了夜间，卢怀慎又活了，左右的人将夫人的话告诉了他，卢怀慎说："道理不一样，阴间冥司有三十座火炉，日夜用烧烤的酷刑来惩罚发不义横财的人，而没有一座是为我准备的，我在阴间的罪过已经免除了。"说完又死了。

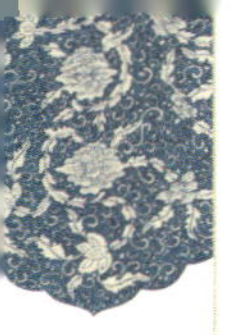

第七十六章

人之生也柔弱[1]，其死也坚强[2]。草木[3]之生也柔脆[4]，其死也枯槁[5]。故坚强者死之徒[6]，柔弱者生之徒[7]。是以兵强则灭，木强则折。强大处下，柔弱处上。

注释

①柔弱：指人活着的时候身体是柔软的。

②坚强：指人死以后身体变僵硬。

③草木：一本在此之前有“万物”二字。

④柔脆：指草木形质的柔软脆弱。

⑤枯槁：这里形容草木干枯。

⑥徒：类的意思。

⑦生之徒：属于生存的一类。

译文

人活着的时候身体是柔软的，死后就变得僵硬。草木生长时是脆弱的，死后就变得干枯了。所以强硬的事物属于死亡的一类，柔弱的东西反而属于容易生存的一类。因此，用兵逞强就不能取胜，树木过于坚硬就会遭到砍伐。强大的总是处于下位，柔弱的反而居于上位。

解读

本章论述了坚强与柔弱的辩证关系，充分肯定了劳动人民的坚强伟大。

有的人懦弱，是因为顾惜生命，如果不再顾惜生命，决心决一死战的时候，人人都会变得坚强无比。在不道的社会里，统治阶级视劳动人民如草芥，劳动人民根本没有人权和自由，终年与饥荒相伴，面容枯槁，过着牛马不如的生活。

所以说，在极度黑暗的日子里，坚强的都是视死如归的勇士，真正怕死的则是“求生之厚”的统治阶级，他们才是真正的柔弱之徒。

统治者所面对的国家就像一棵大树，以人民为本，只有根本强大，才有枝叶茂盛，倘若树干枯死了，枝叶还能存活吗？所以说，人民是国家的根本，民强则国强。

【证解故事】

春秋战国时期，楚庄王即位伊始，便受到内外的瞩目，因为他的祖父、父亲两代国王都很有作为。楚国上下希望他能继承父、祖遗志，开疆拓土，使楚国更加强盛，而邻近的小国则是战战兢兢，危不自安，甚至连中原的大国秦、晋也都密切注意楚国的动向。

然而出人意料的是，楚庄王即位后，根本不理国政，每日里不是在宫中听音乐，饮美酒，与妃妾们寻欢作乐，便是率领卫士于深山大泽打猎，一副标准的荒淫无度的国王形象。

楚国的大臣们自然不甘心楚国前两代国王奋斗的成果就此毁灭，纷纷入宫劝谏，楚庄王置之不理，我行我素。后来听得烦了，干脆在王宫外立一道牌子，上写：敢入谏者死。严令之下，楚国的大臣们大概觉得还是保命要紧，真的没人敢再劝谏了。

楚庄王夜以继日，荒淫不已，一连持续了三年。国王不理朝政，下面自然乱作一团：权臣们借机树党争权，谄谀小人们则逢迎拍马，捞取官职，贪官们更是浑水摸鱼，中饱私囊。楚国的政治一下子陷入了混乱无序的状态，而忠臣贤良只有扼腕叹息的份儿了。

楚国的大夫伍举实在忍不住了，他决定入宫进谏，不过他也不愿

意拿自己的头往刀刃上撞，于是想出了一个巧妙的方法。

他入宫见到楚王时，楚庄王正左搂郑姬，右拥越女，一边喝着美酒，一边听乐师们奏乐。见到伍举，楚庄王问道："大夫是想喝美酒，还是要听音乐？"

伍举笑道："臣既不想喝酒，也不想听音乐，而是听人们说大王智慧过人，所以想请大王猜个谜语。"

楚庄王知道伍举是要借机进谏，但既然伍举没明说，自己也不点破。伍举便说道："在楚国的一座高山上，停落一只大鸟，它羽毛五彩缤纷，异常华丽，可是三年来它既不鸣叫，也不飞走，臣实在不明白其中的原因。"

楚庄王沉思片刻，说道："这不是一只平凡的鸟，它三年不鸣，是在积蓄自己的力量；三年不飞，是等待看清方向。这只鸟不鸣则已，一鸣惊人；不飞则已，一飞冲天。你去吧。你的意思我都明白了。"

伍举听完楚庄王的解释后异常兴奋，他出宫后告诉自己的好友，同是楚国大夫的苏从，国王是很有头脑的人，他是在等待时机，而绝不是一个沉溺酒色的荒淫君主，看来楚国还是大有希望。

几个月过去了，楚庄王不但没有丝毫改变，反而更加荒淫无度，苏从感到受了骗，他全无顾忌，舍身直闯王宫，直言进谏："您身为国王，不理国政，只知道享受声色犬马之乐，却不知道乐在眼前，忧在不远，不久就会民众叛于内，敌国攻于外，楚国离灭亡不远了。"

楚庄王勃然大怒，拔出长剑，指着苏从的鼻尖，厉声叱道："大夫不知道寡人的禁令吗？难道你不怕死吗？"

苏从凛然正色道："假如我的死能让君王悔悟，能让楚国富强，我的死就是值得的。"

楚庄王看了苏从半晌，忽然扔下长剑，双手抱住苏从，感慨道："我等的就是大夫这样忠于国家，不怕死的栋梁。"他挥手斥退歌男舞女，与苏从谈论起楚国的政务了。苏从这才惊异地发现：国王对国家上下了解比自己还要多。

楚庄王随后发布一系列政令，把那些权臣政客、谄谀小人、贪官和不称职的官员该杀的杀，该罢职的罢职；把那些包括伍举、苏从在内的忠于国家、有才能、刚直不阿的人提拔上来。一番洗涤振刷后，楚国的政治从昏庸混乱一下子变成清明而富有活力。

楚庄王待国内基础巩固后，不仅继续开疆拓土，平定了周围附属小国的背叛，而且挺进中原，夺得了霸主地位，成为历史上著名的“春秋五霸”之一。

楚庄王即位时，楚国的情况表面上看来不错，但实际上却有隐忧——在当时，国内权臣夺利，小人充斥，群臣良莠不齐，忠奸难辨。他就故意收敛住自己的锋芒，将真实的自己隐匿起来，装扮成一个荒淫君主的形象，这样不仅解除了周围国家对自己的戒心，更消除了群臣的顾忌，让他们尽情施展自己的手段，露出自己的庐山真面目。在苦等三年，摸清了所有的情况后，猝然施展霹雳手段，将楚国政治振刷一新，这才是真正的人生智慧。

将自己藏起来，并非让我们一声不响默默无闻。而是让自己在这种不被关注的情况下，去发现那些隐藏在表面现象之中的本质问题，然后我们再实行具体的措施，达到“一鸣惊人”的效果，这就是老子的一种“柔弱处上”的人生哲学。

第七十七章

天之道，其犹张弓与？高者抑之，下者举之；有余者损之，不足者补之。天之道，损有余而补不足。人之道[1]，则不然，损不足以奉有余。孰能有余以奉天下？唯有道者。是以圣人为而不恃，功成而不处，其不欲见贤[2]。

注释

①人之道：指人类社会的一般法则、律例。

②贤：贤能。

译文

自然的法则，不是很像张弓射箭吗？弦拉高了就把它压低一些，低了就把它举高一些，拉得过满了就减小一些，拉得不足了就补足一些。自然的规律，是减损有余的补足欠缺的。可是社会的法则却不是这样，总是削减不足的来供给有余的人。那么，谁能够减少有余的，以补给天下人的不足呢？只有得道者。因此，有道的圣人这才有所作为而不占有，有所成就而不居功。他不需要显示自己的贤能。

解读

透过自然规律，可以认识社会规律，社会规律必须符合自然规律。统治者压迫人民，人民就起来推翻它。剥夺官僚豪绅的财富，分给贫苦的劳动人民。

圣人推行天道，以身作则，率先垂范，不以名利之心诱导人民，处处以人民的利益为重，体现的是集体主义的道德风范，这就自然成为人民

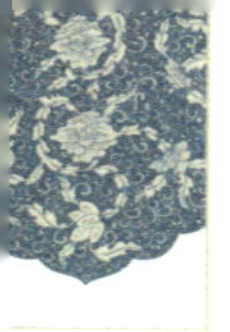

群众道德实践的楷模。如果人人都能彻悟大道，与天地合德，那么，“我为人人，人人为我”的“天之道”社会就会成为现实。

【证解故事】

韩信早年曾追随项羽，后来又投到刘邦门下。他足智多谋，屡出奇计，为刘邦打天下立下了赫赫战功，被封为齐王，后又降为淮阴侯。

刘邦坐稳了江山之后，看到韩信握有重权，并且深得军心，不由得食不甘味，辗转难眠。他宴请群臣，面对臣下的恭贺，也忧心忡忡。张良察言观色，明白了是刘邦害怕功高之人今后难以驾驭，就私下对韩信说：“你是否记得勾践杀文种的故事？自古以来，只可与君主共患难，而不可与其共享福。飞鸟尽，良弓藏；狡兔死，走狗烹。前车之鉴，后事之师啊！我们要好自为之。”于是，张良急流勇退，见好就收，他请求回乡养老。刘邦故作恋恋不舍状，再三挽留，最后封其为留侯。张良功成身退，终于保身全名，可谓有先见之明。

韩信尽管认为张良的话有道理，但是对刘邦还是抱有幻想：自己当初曾舍命救过他。可是不久，便有奸佞之臣诬告韩信恃功自傲，不把君主放在眼里。那时项羽乌江自刎之后，他的一个大将钟离昧拼死杀出了重围，逃到韩信那里避难。因为韩信与他是生死之交，就偷偷地把他藏了起来。刘邦知道此事后，认为他怀有二心，决心除掉他。

可是韩信作为一朝权臣，要除掉他也不是那么容易。于是刘邦就设了一个圈套，让韩信自投罗网。他以巡游为借口，要到楚地的云梦（今湖北安陆）去打猎，同时派信使通知诸侯王到陈地会合。这样就能调虎离山，把韩信从封地中骗出。一旦他脱离靠山——军队和阵地，就不愁没机会下手了。

韩信听到这个消息后，很害怕。明知前面有陷阱，也不得不硬着头皮前往陈地谒见刘邦。为了保全自己，不让刘邦找到借口抓他，他权衡再三，最终还是逼着好友钟离昧自杀了，然后就提着钟的首级来见刘邦，想以此来表明他对刘邦的忠诚。

欲加之罪，何患无辞？韩信一走进刘邦的驻地，两边的武士就一拥而上，把他五花大绑起来，押到刘邦座前。韩信很不服气，他一边挣扎一边大叫：“皇上，我鞍前马后跟随您这么多年，南征北战，出生入死，才打下汉朝江山，臣下何罪之有？”此时，刘邦也看到给韩信以谋反定罪，确实证据不足，难以服人心。于是他就假惺惺地怒喝着武士，亲自下来为他松绑，然而，他还是借机解了韩信的军权。

至此，韩信终于心灰意冷。他后悔当初不听张良的劝告而至今日，不禁仰天长叹道：“飞鸟尽，良弓藏，狡兔死，走狗烹；敌国灭，谋臣亡。现在天下大局已定，我也该遭殃了。”不久，又有人借机落井下石，诬告他要谋反，于是刘邦终于对他下了毒手，了却了一大心事。

中国历代君主，对那些在患难时生死与共、立有大功的谋臣将士，不但不加以高官厚禄，而且一旦江山打下、政局平稳之后，就害怕他们功高盖主，怀有二心。于是为了巩固自己的帝位，就找各种借口来为之加罪，然后对他们或者杀死或者削职。古代这样，那今天呢？往日共同创业的好伙伴，现在成了仇人；往日同甘苦的朋友，现在成了敌人！很值得深思！

第七十八章

天下莫柔弱于水，而攻坚强者莫之能胜。以其无以易[①]之。弱之胜强，柔之胜刚。天下莫不知，莫能行。是以圣人云，受国之垢[②]，是谓社稷主；受国不祥[③]，是为天下王。正言若反[④]。

注释

①易：替代、取代。

②受国之垢：垢，屈辱。意为承担全国的屈辱。

③不祥：灾难，祸害。

④正言若反：正面的话好像反话一样。

译文

天下柔弱的东西再没有什么比得上水了，而攻坚克强却没有什么可以超过水，因为水的本质无法取代。弱胜过强，柔胜过刚，遍天下人都知道这个道理，但是很少有人能实行。所以有道的圣人说："能够承担国家的屈辱，才能成为国家的君主，能够承担国家的祸灾，才能成为天下的君王。"很多正面的话却好像在反着说。

解读

本章强调了理论对实践的指导作用。

老子把处于弱势的劳苦大众比作柔弱之水，"水可以载舟，亦可以覆舟"，在推翻剥削阶级的革命斗争中，被剥削者是革命的先锋，是冲锋陷阵的中坚力量，是攻无不克、战无不胜的。他们前仆后继，视死如归，是

因为没有任何其他方式可以改变自己的命运。

反动统治阶级貌似强大，实则弱小，处于被统治地位的劳动人民才是真正强大的，只要人民齐心协力，就完全有力量推翻反动统治，获得翻身解放。

【证解故事】

金太宗完颜晟（公元 1075—1135 年）即位后，国力渐强，他一面玩弄与北宋和睦相处的友好邦交关系，一面从各方面创造条件伺机攻宋。

公元 1125 年，天会三年十月，完颜晟正式下诏伐宋。金兵以完颜杲兼都元帅，兵分两路侵略中原。一路由完颜宗翰兼左副元帅，自西京入太原；另一路以完颜宗望为南京路都统，自南京攻燕山。

宋徽宗赵佶是一个政治上昏庸无能，生活上穷奢极欲的误国皇帝。他重用奸相蔡京，排挤贤能，敲剥民财，大兴“花石纲”，激起了宋江、方腊轰轰烈烈的起义，虽然起义被血腥镇压下去，但北宋王朝已在义军的打击下风雨飘摇，败乱不堪了。

徽宗担心义军东山再起，企图借助金国兵力威胁起义的农民。然而，正是“联金”的政策，才助长了金太宗完颜晟入侵中原的野心。

金军宗翰进攻太原，遭受到张孝纯等人的顽强抵抗，一时无力向南推进。东路金兵在宗望统帅下，轻易地占领燕京，相继攻下邢州、相州。汴京城内，徽宗皇帝歌舞饮宴，既不派兵救援太原，又不关心黄河的防务。

当金兵大军逼近黄河时，北岸的宋军不战而逃，放火烧毁桥梁，弃甲焚营，使金兵从容地用小船渡过黄河。宗望叹息说：“宋军若有 1000 兵马抵抗，金军纵然插翅，也难飞越黄河啊！”

然而，金兵渡过黄河的消息，却把宋徽宗惊吓得昏过去。侍臣灌药急救，他苏醒后便索要纸笔，下诏传位太子赵桓，自号“教主道君皇

帝”，准备逃跑。钦宗皇帝即位，朝廷主战主和争论不休。大敌当前，李纲以文臣而兼领武事，受命于危难之际，急速组织京师防守，一次又一次击退了金军的攻击。宗望兵围汴京久攻不下，随时都有被宋朝四方勤王军队包围聚歼的危险，一时进退两难。金太宗闻报，密遣信使授计宗望玩弄议和骗局。宗望得到金太宗的密诏大喜，将议和信射入汴京城内。

宋钦宗果然派出使者去金营议和，送给金军黄金五百万两，白银五千万两，牛、马各万头，缎一百万匹；割让太原、中山、河间三镇的山川土地，还派康王赵构、丞相张邦昌出使金营作人质，并尊大金皇帝为伯父。甚至为了讨好金军，罢免了坚守汴京的李纲的相位。宗望终以全师退军，满载而归。

公元1126年，靖康元年二月，金太宗经过整顿军队，撕毁合约，进兵南侵。八月，任宗翰、宗望为左、右副元帅，仍分东西两路南下攻宋。太原城被围八个多月，终因弹尽粮绝失陷，知府张孝纯被俘降金。宗翰、宗望合兵攻下中山，十一月兵临汴京城下。

宋朝廷乱成一团，钦宗只好派使者到金营求和。宗望故伎重演，对宋使说：“我们不想灭宋，只要赵佶亲自来商议割地议和，我们就退兵。”

十一月末，堂堂大宋天子钦宗赵桓，居然屈膝跪在完颜宗翰、完颜宗望脚下，呈一亡降表云：“既烦汗马之劳，敢缓牵羊之请……上皇负罪以播迁，微臣捐躯而听命。”真是懦弱无耻到了极点。十二月初，金营放回钦宗，派使入城检视府库，将92个内藏库中积攒了170余年的金银财宝全部查封。

公元1127年正月，金军又要钦宗至金营。钦宗去后被拘留，金太宗随即派大员24人去汴京掳掠，除金银财帛，又掠走皇帝宝玺、仪仗、天下州府图、祭器等不计其数，掳走百工、技艺、嫔妃宫女、内侍、僧道、医卜、后妃亲王贵族3000余人。宋徽宗、钦宗站立于木笼囚车之内，押解向茫茫大漠。这就是历史上著名的“靖康之难”。

金太宗利用北宋皇帝的昏庸无能，软弱可欺，在孤军深入的情势下以缓兵之计赢得了时间，终于灭亡了北宋。

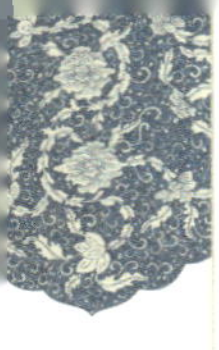

第七十九章

和大怨，必有余怨，安可以为善？是以圣人执左契[①]，而不责[②]于人。有德司契，无德司彻[③]。天道无亲[④]，常与善人。

注释

①契：契约。

②责：索取所欠，讨债。

③司彻：掌管税收的官职。

④无亲：没有亲疏偏爱。

译文

调解深重的仇怨，必然会留下残余的怨恨，这怎么算是做好事呢？因此，有道的圣人拿着借据，却不以此强迫别人还债。有“德”之人就像持有借据的人那样宽容，没有“德”的人就像掌管税收的人那样苛刻。自然规律对任何人都没有偏爱，但常常帮助善人。

解读

本章阐述了圣人带领人民推翻剥削阶级以后所实行的治国策略。

首先，要确立合乎自然规律的社会制度即以生产资料公有制代替生产资料私有制。圣人带领劳苦大众推翻了剥削阶级，调和了劳动人民的深仇大恨，建立起劳动人民自己的政权，此时，阶级矛盾虽然消除了，可是人民内部矛盾还将依然存在。作为国家的最高统治者，应该如何去妥善处理人民内部矛盾呢？那就是制定法律，用法律保障百姓安

居乐业。

其次，要建立健全用人机制，推选德才兼备的人管理国家事务，决不能任人唯亲，并加强社会监督机制。

总之，要想最大限度地化解人民内部矛盾，促进社会发展，制度是关键。

【证解故事】

极大的冤仇不论怎么去化解，还是必有余怨，所以，积大怨怎能算是好方法？所以圣人行事都好像是负债的人一般，只有付出从不向别人索取。有德之人只持有借据，却不索讨。无德之人就像是征税者一般，只拿不给。天道对人是没有分别心的，但却常常跟良善之人亲近。

老子认为“圣人执左契，而不责于人”，在付出帮助别人的时候，不应总惦记着别人的回报。期盼回报的付出不但狭隘，而且还会失去助人的本意，让原本高尚的行为蒙上了一层势利的阴影。

做好事的目的不同，结果就大不一样。人的善心不该用来作为交易，否则就失去善良的本义了。一旦计较了这些，人们的心里就失去了原本的安宁，为了得失寻找平衡，对受惠者颐指气使就不可避免了。这样，人们只能怨恨施惠者的虚伪，也不会再有丝毫的感激之情了。

唐玄宗时，安禄山发动叛乱。后来，随着形势的不利，安禄山的心情越来越坏，他开始随意惩罚身边的人，包括他最信任的谋士严庄和贴身侍卫李猪儿。

严庄是安禄山一手提拔起来的心腹。当初，安禄山发现严庄是个人才，对他礼贤下士，很快就把他安置在重要岗位上。他曾对严庄推心置腹地说："你是读书人，知道的道理比我多，你可以随时指出我的过失，我是绝不会怪罪你的。"严庄受了安禄山的大恩，从此也一心报效，为他出谋划策，竭尽心力。他对朋友说："安禄山对我有知遇之恩，我就是为他搭上性命也报不完呀。大恩不可言谢，我现在只有默默地做事报答他。"

李猪儿原是一个归降的童仆，安禄山喜欢他的聪明伶俐，破例把他留在身边服侍自己。他给李猪儿许多赏赐，又给了他许多特权，随时都让他陪伴自己。安禄山起兵叛乱不久，他的眼睛便失明了，身上也长了毒疮，他的情绪开始烦躁不安了。直到后来叛军进展不利，战败的消息接连不断，安禄山的情绪更坏，他杀身边的人泄气，平时总是大吼大叫。严庄劝他说："胜败乃兵家常事，不应该过于认真。现在形势虽然对我军不利，但是并不是不可以挽救的。"

严庄话没说完，安禄山就指着他骂个不停，说："我对你有恩，你就是这样报答我吗？早知道你是个不中用的家伙，我就把你一刀砍了，留你有什么用呢？"

他命人鞭打严庄，打得他皮开肉绽。这样的凌辱发生过多次，严庄从心里恨他入骨，只是表面还保持恭顺。李猪儿也经常无缘无故遭到安禄山的痛骂和鞭打，安禄山还恶狠狠地对李猪儿说："我不收留你，你早死了，现在我就要了你的命也是应该的。"

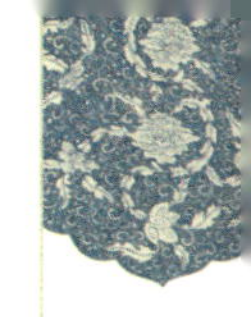

严庄和李猪儿同病相怜，他们担心有一天安禄山会杀了他们，便勾结安庆绪，三人合谋，将安禄山杀死在床上。

安禄山自恃对严庄和李猪儿有恩，就无所顾忌地凌辱惩罚，而又不加丝毫防范，这是他对人缺乏了解的缘故。他施恩的用心并不真诚，严庄和李猪儿既已明白，他们当然会怨恨他了，对他不利便是很正常的了。

第八十章

小[①]国寡民，使[②]有什伯[③]人之器而不用，使民重死[④]而不远徙[⑤]。虽有舟舆[⑥]，无所乘之；虽有甲兵[⑦]，无所陈[⑧]之；使民复结绳[⑨]而用之。甘其食，美其服，安其居，乐其俗[⑩]。邻国相望，鸡犬之声相闻，民至老死，不相往来。

注释

①小：使……变小。

②使：即使。

③什伯：形容极多，多种多样。

④重死：看重死亡，即不轻易冒着生命危险去做事。

⑤徙：迁移。

⑥舆（yú）：车子。

⑦甲兵：武器装备。

⑧陈：陈列。此句引申为打仗。

⑨结绳：文字产生以前，古人以绳记事。

⑩俗：生活，习俗。

译文

使国家变小一点，使人民少一点。使百姓有丰富繁多的器具，却并不使用；使人民重视死亡，而不迁徙到远方。虽然有船有车，却没有人坐它；虽然有铠甲兵器，却没有用武之地；使人民再回复到远古结绳记事的自然状态之中。国家治理得好，使人民吃得香甜，穿得漂亮、住得

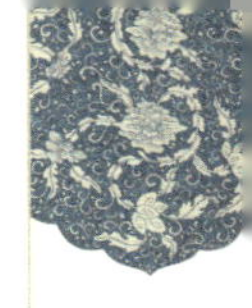

安适，过得快乐。邻国之间互相可以望见，鸡犬的叫声都彼此能听见，百姓从生到死，也不互相往来。

解读

本章讲述了老子认为的太平盛世“小国寡民”。

本国所产的物质财富完全可以满足本国人民的需求，人们各安本国，各享天产，日作夜息，丰衣足食；人们各修其内，各悦道境，无须出国观光旅游。不求他国财富，不慕他国秀丽山川，有各自欢乐的社会风俗没有劳苦愁烦，不受疾病折磨，自然身体健康长寿，直至自然老化死去。人们由单纯地“向外求”的传统观念转变为以“向内求”为主的道德观念。不再执着于追求外在的声色和名利。人们既有丰富的内心世界，又有充实、欢乐、祥和的现实世界，这就是“小国寡民”社会生活的实质内容。

【证解故事】

公元前318年，燕国发生内乱，齐湣王发兵10万攻打燕国占领燕都，靠阴谋篡位的燕王自缢于别宫。燕人见齐王意在灭燕，民心不服，便推举故太子平，奉以为君，是为昭王。燕昭王为了收复失地，向太傅郭隗求教。郭隗说：“国君成帝业，尊贤士为师；成王业，尊贤士为友；成霸业，尊贤士为重臣。亡国之君，则把贤士作为奴仆看待。大王欲雪先王之耻，报齐国侵略之仇，必须招贤纳士。”燕昭王问：“我倒是真想招贤纳士，请先生告诉我，先招谁最合适？”

郭隗向他讲了一个故事。

古代有位国君，以千金之价派他所宠信的门役去买一匹千里马。门役走了许多地方没有买到，归途中看见很多人围着一匹死马叹息。他问是怎么回事，人们告诉他说：“这匹马活着时，日行千里，风驰电掣。如今它死了，真是太可惜了。”门役花500金买了马骨，带给国君。

国君大怒道:“死马的骨头有什么用处,竟费去500金?”

门役说:“一匹千里马的骨头尚且重价购买,更何况活马呢?天下人必由此盛传大王诚心买千里马,不久就会把千里马送来的。”果然,不到一年,这位国君就得到三匹千里马。

郭隗讲完故事,又说:“如今大王欲招揽天下贤士,请以老臣为马骨。连我郭隗都能受到重用,那比我更有才能的贤士,一定会应者云集了。”

燕昭王觉得很有道理,于是拜郭隗为相国,为他修建了宫室,执弟子之礼,北面听教,亲供饮食,极其恭敬。又在易水旁筑起黄金台,招纳四方贤士。从此燕王尊贤好士之名,远近闻名。剧辛由赵国来,苏代由周地来,邹衍由齐国来,屈景由卫国来,很多治国能臣争相投奔尊贤好士的燕昭王,燕国大治,最后打败齐国,恢复了故疆。

元代刘因有《黄金台》一诗云:“燕山不改色,易水无新声。谁知数尺台,中有万古情。区区后世人,犹爱黄金名。黄金亦何物,能为贤重轻。德辉照九仞,凤鸟才一鸣。伊谁腐鼠弃,坐见饥鸢争。周道日东渐,二老皆西行。养民以致贤,王业自此成。黄金与山平,不救兵纵横。落日下荒台,山水有余清。”燕王以重金求贤才,表明了自己的诚意,最终招来了四方贤士,恢复了自己的疆土。

第八十一章

信言[①]不美，美言不信；善者[②]不辩[③]，辩者不善；知者不博[④]，博者不知。圣人不积[⑤]，既以为人己愈有[⑥]，既以与人己愈多[⑦]。天之道，利而不害[⑧]；圣人之道[⑨]，为而不争。

注释

①信言：真实可信的话，诚实的话。

②善者：言语行为善良的人。

③辩：巧辩、能说会道。

④博：广博。引申为卖弄。

⑤积：占有。

⑥既以为人己愈有：已经把自己的一切用来帮助别人，自己反而更充实。

⑦多：此处意为“丰富”。

⑧利而不害：使在万物得到好处而不伤害万物。

⑨道：此处指圣人的行为准则。

译文

诚实的话不漂亮，漂亮的话不真实。善良的人不巧辩，巧辩的人不善良。真正有智慧的人不广博，广博的人缺少智慧。圣人不存占有之心，而是尽力帮助别人，自己也更为充足；他尽力给予别人，自己反而获得更多。上天的法则是让万事万物都得到好处，而不加伤害。圣人的行为准则是，做什么事都不争功。

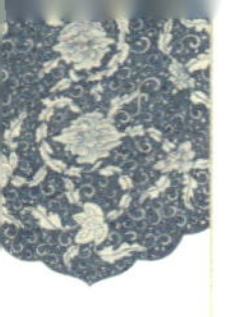

解读

本章阐述了真正有德之人的处世之道：言语朴实，为人纯厚，博学多才而不炫耀，帮助他人而不为利。

老子认为有根有据的言论不需要用华丽的辞藻来修饰，因为它揭示的是真理；主观、唯心的言论是缺乏科学依据的，绝对经不起历史的检验。而真知来源于自我的实修实证，只凭主观愿望、主观想象来辩论是是非非，是不科学的，所以彻悟大道的人不诡辩，诡辩的人没有彻悟大道。只执着于研究书本，获取的只是现象世界的知识。探求真理于事物的表面现象的人，永远打不开真理的大门。

圣人乐于奉献而不索取。圣人做事不刻意积累财富，一心为众人着想，竭尽全力地奉献于大众，自己反而得到的越多。这就如同众多的历史伟人，他们并没有为了金钱和名利而活着，反而获得了更多的福利和荣誉。这是圣人效法自然的思想，自然规律就是利万物而不害万物。